Das Bedingungslose Grundeinkommen

Welche Auswirkungen auf Gesellschaft und Arbeitswelt wären denkbar?

Hausarbeit für Modul:

Sozialpolitik

Impressum:

Autor und Verlegerin: Petra Schmidt

Lerchenweg 3

61276 Weilrod

Druck: Amazon Europa, Luxemburg

Inhaltsverzeichnis

Inhaltsverzeichnis

Vorwort

Diese Hausarbeit entstand im Rahmen meines Studiums der Sozialen Arbeit für das Modul Sozialpolitik und wurde mit 1,0 bewertet.

Ich hatte dafür eine Umfrage durchgeführt. Die vollständige Umfrage ist im Anhang zu finden. Sie darf unter Nennung der Quelle weiterverwendet werden.

Oder ihr nutzt sie einfach als Inspiration für eine eigene Umfrage.

1 Einleitung

Im Laufe der Zeit haben sich immer wieder Menschen mit dem Thema eines Bedingungslosen Grundeinkommens beschäftigt. Einem Einkommen das jeder Bürger ohne Voraussetzungen bekommt um eine grundlegende Versorgung und gleichberechtigte Teilhabe am gesellschaftlichen und kulturellen Leben zu ermöglichen. Gleichzeitig stellt sich aber auch immer die Frage, wie sich ein solches bedingungsloses Grundeinkommen auf Gesellschaft und Arbeitswelt auswirken würde. Gerade heutzutage, wo wir mit Harz IV (= AlG2) eine sehr reglementierte Grundversorgung zur Verfügung haben, die teilweise als Entwürdigend bezeichnet und von einigen sogar als nicht mit dem Grundgesetz vereinbar angesehen wird, werden die Stimmen nach einem bedingungslosen Grundeinkommen lauter, während auf der andere Seite viele vor der Idee, gesetzt den Fall es wäre Finanzierbar, warnen.

Im ersten Teil der Arbeit beschäftige ich mich mit dem historisch Philosophischen Kontext, gehe dann auf die aktuelle Politische Situation und danach auf ein beispielhaftes Modell der Finanzierung ein, ehe ich dann in einem zweiten Teil Menschen zu Wort kommen lasse. Zu diesem Zweck habe ich eine Umfrage gestaltet und durchgeführt, in der die Teilnehmer ihre Meinung zur Gesellschaftlichen Relevanz des Themas bedingungsloses Grundeinkommen mitteilen konnten.

2 Das Bedingungslose Grundeinkommen im historischen und aktuellen Kontext

Die Idee des Bedingungslosen Grundeinkommens ist nicht neu, sondern wurde von Philosophen immer wieder mal als sinnvolles Mittel der gleichberechtigten Teilhabe in den Raum gestellt. (Werner, Goehler 2010)

2.1 Historischer Exkurs

Die philosophische Diskussion wurde aufgrund der Industriellen Revolution, zunehmender Verstädterung und der Armut der Arbeiter immer wieder entfacht. Der philosophische Exkurs eines bedingungslosen Grundeinkommens findet sich in Thomas Morus Roman Utopia von 1516, in dem er die Idee eines Lebensunterhaltes für alle Menschen vorschlägt um Diebstahl vorzubeugen. (Morus 1993) Diese erste Verschriftlichung wird immer wieder philosophisch aufbereitet, doch erst Thomas Paine entwickelt die Idee des bedingungslosen Grundeinkommen in seinem Bericht, Agrarische Gerechtigkeit von 1796, an die französische Revolutionsregierung weiter. Er begründet seine Forderung mit dem gemeinschaftlichen Erbe aller Menschen an Grund und Boden. Jene die den Boden nutzen und daraus Gewinne erwirtschaften, sollten in einen Fond einzahlen, aus dem alle die am Nutzen ihres natürlichen Erbes nicht direkt teilhaben können, entschädigt werden. Ganz ohne Bedingung war es dann aber doch nicht. Er koppelte die Idee an die Volljährigkeit (21 Jahre) und den Nichtbesitz von Land. Zudem sollte sich mit Vollendung des fünfzigsten Lebensjahres der Betrag erhöhen wobei dann jedoch kein Unterschied mehr im Besitz zum tragen kommen sollte. (Paine,

2010) Auf Paine folgten einige weitere, die sich Paines Argumentation anschlossen oder sogar noch erweiterten, indem sie neben der Ressource Land auch die Fischerei- und Jagdrechte als ursprünglich Gottgegeben hinzu nahmen und daraus eine Schuld des Staates an all jene ableiteten denen diese Rechte verwehrt blieben. (Behrens 1977) In diversen Varianten wurde die Idee des Grundeinkommens immer wieder aufgegriffen, vor allem in Zeiten von Krisen.

Das drängt die Frage auf, ob wir aktuell eine Krise haben, eine politische ist im Angesicht der aktuellen Wahlergebnisse wohl kaum von der Hand zu weisen. Wirtschaftlich geht es Deutschland jedoch sehr gut, und dennoch ist das Grundeinkommen ein großes Thema in der aktuellen Politik.

2.2 Aktualität des Themas bedingungslosen Grundeinkommen

In Anbetracht der zunehmenden Automatisierung und Globalisierung der Arbeitswelt hat sich das Thema bedingungsloses Grundeinkommen, nach Jahren der Ruhe, neuen Raum verschafft. Aus der Theorie einiger Philosophen über die Funktionalität der Gesellschaft ist ein echtes Thema für die politischen Parteien geworden. Vom 14-19.11.2018 waren auf dem Radiosender HR.info Thementage zum Grundeinkommen und Hartz IV. Es kam nicht nur der Initiator von mein-grundeinkommen.de zu Wort, der Spenden sammelt um dann Grundeinkommen für ein Jahr zu verlosen, auch die aktuellen Themen der Parteien kamen auf den Tisch. So möchte die SPD das Bürgergeld einführen um die Repressalien von Hartz IV zu überwinden. Auch die Linke bekennt sich neuerdings zu einem

Grundeinkommensmodell und die Grünen diskutieren darüber, ein solches auf ihre Agenda zu schreiben. Die FDP und die Union lehnen hingegen die Idee eines Grundeinkommens strikt ab. (HR.info Interview 14.11.2018).

Wie man es auch dreht und wendet, das Grundeinkommen, ob Bedingungslos oder nicht ist ein sehr aktuelles Thema. Die Gegner führen an, dass es nicht finanzierbar sei und man den Wirtschaftsstandort gefährde, die Befürworter sehen im bedingungslosen Grundeinkommen, die Möglichkeit für mehr soziale Gerechtigkeit, mehr Entfaltungsfreiraum des einzelnen und vor allem auch Abschaffung des Arbeitszwangs. So drastisch hat es zwar keiner benannt, doch wenn man über Hartz IV redet, dass ja eigentlich AlG2 heißt, kommt schnell das Thema Zwang durch Sanktionierung auf. Dabei ist es egal, ob es nur um einen Meldetermin auf dem Amt, der Besuch einer sinnfreien Maßnahme oder auch die Aufnahme einer Arbeit ist. Jede Sanktion bedroht das Existenzminimum und ist damit, wenn man der Argumentation der Befürworter folgt ein eindeutiger Verstoß gegen die Menschenrecht und das Grundgesetz. Selbst die Ursprünglichen Schöpfer des ALG2 die SPD will den Sanktionskollos gerne wieder loswerden (HR Info Schwerpunktthema BG - SPD 19.11.2018)

Auf der anderen Seite steht das Argument, dass man keine andere Handhabe hat, um die Menschen zur Mitarbeit zu bewegen. Es gäbe viele Menschen die gar nicht arbeiten, sondern sich nur auf Kosten der Gesellschaft ausruhen wollen, und das würden mit Einführung eines bedingungslosen Grundeinkommens nur noch mehr werden. Die Kosten würden schnell ins unermessliche Steigen und die durch Fachareitermangel eh schon leidende Wirtschaft würde in eine einschneidende Talfahrt gehen. (HR Info Schwerpunktthema BG - CDU 19.11.2018)

2.4 Feldversuch Grundeinkommen

Doch weder Befürworter noch Gegner können wissen was geschehen wird. Beide Seiten sprechen von Idealen und Vorurteilen und lassen dabei außer Acht, das nicht alle Menschen in eine Schublade gepresst werden können. Dabei gibt es einen mehrjährigen und einige kleinere Feldversuche zum Thema bedingungsloses Grundeinkommen, mit deren Auswertung man zumindest die gesellschaftlichen Tendenzen und die Folgen auf die Arbeitswelt prognostizieren kann.

Im Kanadischen Dauphin fand in den 1970er Jahren ein erster großer Feldversuch zum Thema bedingungsloses Grundeinkommen statt. Ein ganzer Ort erhielt ein garantiertes Einkommen. HR Info berichtete im Rahmen der Thementage Bedingungsloses Grundeinkommen am 19.11.2018 über den Feldversuch.

Der nur fünf Jahre dauernde Versuch namens MinCome wurde aufgrund der Ölkrise Abrupt abgebrochen und erst nach 2000 ausgewertet, zeigt aber, dass der vielfach prognostizierte Drang keiner Tätigkeit mehr nachzugehen ausblieb. Einzig die Personengruppe der jungen Mütter und der Teenager zeigten einen Beschäftigungsrückgang. Gleichzeitig reduzierte sich aber auch die Zahl der Schulabbrecher und die Zahl der Teenager mit Abgeschlossener Schul- und Ausbildung erhöhte sich, da der Druck möglichst früh ins Arbeitsleben zu starten wegfiel. Hinzu kam, dass die Gesundheitskosten sanken. weniger Arztbesuche und kürzere Krankenhausaufenthalte vor allem im Bereich der Psychologischen

Behandlung wurde verzeichnet. (HR Info Schwerpunktthema BG: Kanada 19.11.2018)

Die Funktion dieses Grundeinkommens war simpel. Wer kein Einkommen hatte bekam sechzig Prozent des durchschnittlichen Mindestlohns. Ein Betrag, den die Beteiligten auch in Form von Sozialhilfe bekommen hätten, nur ohne den Druck dahinter. Und im Gegensatz zur Sozialhilfe, fiel der MinCome nicht sofort weg, wenn man Arbeit hatte. Es gab einen Freibetrag, der Anrechnungsfrei war, was darüber hinaus ging wurde verrechnet. Das hört sich fast an wie die Regelung, die ja auch das ALG2 vorsieht, nur mit dem Unterschied, dass die Menschen nicht ständig aufs Amt zitiert wurden um über ihre Chancen zu reden, und auch nicht bestraft wurden, wenn sie unzumutbare Arbeitsbedingungen eine Absage erteilten. (HR Info Schwerpunktthema BG: Kanada 19.11.2018)

Eigentlich sollte es eine Neu Auflage des Feldversuches geben. Die Theoretische Ausarbeitung legte Hughes Seagal bereits im Jahre 2016 der Premierministerin von Ontario vor. (Seagal 2016) Anstelle einer kleinen Ortschaft wurden dieses mal drei Städte für den Versuch ausgewählt. Das Projekt war bereits vollständig kalkuliert und war in der Umsetzung begriffen, (Bennet 2017) doch mit Ablauf der Amtsperiode legte die neue Regierung von Ontario das Projekt im August 2018 auf Eis, trotz anderslautender Wahlzusagen. (Canadian Press und CBC News August 2018)

2.5 Finanzierbarkeit am Beispiel des Ulmer Modells

In den letzten Jahren und Jahrzehnten gab es einige Versuche Pilotprojekte zu starten, in den USA wurde sogar wenige kleinflächige Projekte kurzzeitig durchgeführt. In den Niederlanden rechnete man zumindest einmal einige Modelle durch. Auch in Deutschland gibt es Berechnungsmodelle zur Finanzierbarkeit des Bedingungslosen Grundeinkommens. Interessant und nach wissenschaftlichen Standards berechnet ist das Ulmer Modell, das ich im folgenden Exemplarisch als Finanzierungsmodell erläutern möchte.

Bereits im Jahre 1996 wurde das Modell an der Universität Ulm unter der Führung von Helmut Pelzer entwickelt und stellt sich Kostenneutral dar.

Das Ulmer Modell geht von einer gleichbleibenden Prozentualen Steuerschuld aus. Gleichzeit erhält jeder Bürger ein feststehendes Grundeinkommen. Die Steuerschuld wird mit dem Grundeinkommen verrechnet. Ist die Steuerschuld höher als das Grundeinkommen, muss diese Differenz gezahlt werden, ist sie jedoch niedriger, erhält der Bürger die Differenz. Durch die Kopplung von Grundeinkommen mit der Steuerlast, folgt ein gleichbleibendes bedingungsloses Mindesteinkommen. In der Studie ging man von 1000DM für Erwachsene und 250-500 DM für Kinder aus. Selbst mit diesem relativ hohen Beträgen berechnete die Studie nicht nur Kostenneutralität sondern sogar eine Kostensenkung bei Einführung. Diese Kostensenkung ergibt sich unter anderem auch durch die Senkung der Verwaltungskosten im Bereich des Finanz- und des Sozialamtes. (Mitschke 1985, Knecht 2002)

Auch wenn diese Studie noch zur D-Mark Zeiten stattfand ist sie immer noch aktuell, denn die pro Kopf Ausgaben des Sozialsystems beliefen im sich Jahr 2008 auf ca. 1000EUR pro Einwohner, egal welchen Alters. (Werner, Goehler 2010) Mit dem Ulmer Modell könnten man folglich auch aktuell Geld einsparen. 1000 EUR für Erwachsene, 500 EUR für jedes Kind, bei gleichzeitiger Kostenreduzierung in der Sozialverwaltung und im Bereich der Finanzämter. würde den Staat entlasten, insofern man daran glaubt, dass die meisten Menschen wie im Kanadischen Feldversuch weiterhin arbeiten gehen. Doch würden sie das auch? Gewissheit kann nur ein Wissenschaftlich begleiteter Versuch bringen.

3 Was sagen die Menschen zum bedingungslosen Grundeinkommen?

Das Bedingungslose Grundeinkommen wird nicht nur von Theoretikern, Philosophen und Politikern diskutiert. Interessant für eine umfassende Betrachtung ist die Meinung der Menschen, sowie deren Einschätzung wie Gesellschaft und Arbeitswelt sich ändern würden. Ein Konzept wie das bedingungslose Grundeinkommen setzt viele Annahmen voraus, etwa dass die meisten Menschen trotzdem weiter arbeiten gehen oder das auch Jobs die Unbeliebt aber trotzdem notwendig sind noch bedient werden. Je nachdem welchen Theoretiker man liest wird davon ausgegangen, das man die Menschen in Arbeit halten kann und dass somit die Einnahmen des Staates gleich bleiben, oder aber das niemand mehr arbeitet und die Finanzierung des Staates zusammenbricht. Kommen wir zu den Einschätzungen von Menschen die betroffen wären.

3.1 Die Umfrage

Um ein Meinungsbild zu erhalten, habe ich auf Surveymonkey.de eine Umfrage gestartet und diese in verschiedenen Facebook Kanälen publik gemacht. Es gab fünf Fragen zur statistischen Datenerhebung, wie Alter, Geschlecht, Beschäftigungsverhältnis und aktueller Einkommensbereich. Es folgten fünf Fragen zum Bedingungslosen Grundeinkommen. Drei Multiple Choice und 2 Offene Fragen. Die Seite Surveymonkey.de ermöglicht im kostenlosen Account leider nicht mehr als 10 Fragen, weswegen ich mich auf die meines Erachtens wichtigsten Fragen beschränken musste. Hinzu kommt dass die Multiple Choice Fragen nicht mit mehreren Antwortmöglichkeiten ausgestattet werden konnten, weswegen sich die Teilnehmer auf das ihnen wichtigste Beschränken mussten. Als Ausgleich haben viele die offenen Fragen genutzt um noch einmal weitere Gedanken mitzugeben. Die vollständigen Antworten der Teilnehmer finden sie im Anhang I.I Dokumentation der vollständigen Umfrage.

3.1.1 statistische Daten der Beteiligten

Es haben bis heute 25.11.2018 11:30 162 Personen an der Umfrage teilgenommen. 75% haben die Umfrage vollständig ausgefüllt, die anderen 25% haben Eine oder Mehrere Fragen ausgelassen. Interessant ist dass 78,88% der Teilnehmer Frauen waren. Das sind 127 Personen.

54,32% Der Teilnehmer waren zwischen 30 und 45 Jahren alt 18,52% waren älter, wobei nur 4 Personen über 60 Jahren teilgenommen haben. Die Personen unter 30 Jahren verteilen sich auf 25-30 Jahre mit 14,2% und 12,35% mit 18-25 Jahren. Des weiteren hat eine Person unter 18 teilgenommen.

Im Bereich Bildungsabschluss geben die meisten Teilnehmer, 18,52% einen Berufsabschluss als höchsten Abschluss an. Gefolgt von der Fachhochschulreife mit 16,05% und dem Bachelor mit 12,35%. 11,73% sind aktuell am Studieren. / Personen geben an einen Meister oder Techniker zu haben, 6 haben den Master. Interessant ist auch das 11,46% der Teilnehmer ein klassisches Diplom haben.

Im Bereich aktuelle Erwerbssituation geben 43,21% an Vollzeit zu arbeiten. Gefolgt von 31,48% Teilzeitbeschäftigten. Interessant ist, dass nur 2 ALG1 und 3 ALG2 Bezieher teilgenommen haben. Dazu kommen zwei Rentner und ein Pensionär. 14,2% haben keine klassische Anstellung oder erhalten entsprechende Ersatzleistungen.

Der Einkommensbereich der Teilnehmer konzentriert sich mit 67,9% auf den mittleren Einkommensbereich. 13,58% gibt an kein Einkommen zu haben, das sind 22 Personen und deckt sich mit drei Personen Unterschied fast mit der Anzahl der teilnehmenden Studenten. 10,49% hat ein Einkommen im Bereich des Mindestlohns, 8,02% gaben ein hohes Einkommen an.

3.1.2 Bewertung der Aussagekraft

Aufgrund der Teilnehmerzahl und auch der Verteilung der statistischen Daten, ist die Aussagekraft der Umfrage nur eingeschränkt zu betrachten. Dennoch können wir aus den Daten auch erkennen, wer sich überhaupt mit dem Thema beschäftigt oder beschäftigen möchte. Die Theoretische Reichweite der Kanäle, die für die Umfrage genutzt wurden liegt bei über 900 Personen aus allen Einkommensschichten und Altersklassen. Auch ist die Geschlechterverteilung ausgeglichen. Dennoch sind die meisten Teilnehmer an der Umfrage Weiblich und im Altersbereich zwischen 30 und 45. Auch ist interessant, dass die meisten Teilnehmer im mittleren Einkommensbereich liegen. Bei aufsetzten der Umfrage hatte ich eigentlich erwartet, dass vor allem Bezieher der Ersatzleistungen wie ALG1 und ALG2, weithin als Hartz IV bezeichnet, teilnehmen würden, immerhin wäre es für diese eine große Entlastung, da sie nicht mehr Sanktionen und Repressalien fürchten müssten. Aber dieser Personenkreis ist in der Minderheit.

Diese Tatsachen werde ich in die Auswertung der Umfrage mit einbeziehen müssen.

3.2 Auswertung der Fragen zum bedingungslosen Grundeinkommen

Damit komme ich zu den Fragen zum bedingungslosen Grundeinkommen. Interessanterweise haben zwar fast alle die Statistischen Daten ausgefüllt, aber bei den eigentlichen Fragen zum Thema haben viele nicht teilgenommen. Das ist sehr verwunderlich, da die Statistischen Datenerhebung normalerweise als sensibler angesehen wird als die konkrete Fragestellung.

3.2.1 Wie finden die Befragten die Idee des bedingungslosen Grundeinkommens?

Hier haben 124 Menschen ihre Meinung geteilt. Diese Verteilen sich zu je 28,23% auf ich finde die Idee sehr gut, bzw. gut. 27,42% finden die Idee bedenklich, während 16,13% unentschlossen waren. Die Antwortmöglichkeit Bedenklich wurde von niemanden gewählt.

3.2.2 Wie würde sich ihrer Meinung nach die Arbeitswelt ändern?

An dieser Frage beteiligten sich 123 Personen. Die meisten haben sich für die Antwort "Viele Prekäre Jobs würden keine Arbeiter mehr finden" entschieden, 31,71%. 20,33% glauben das die meisten Menschen ganz normal weiter arbeiten würden. Es folgt mit 9,76% Die Antwort "Die Industrie wäre endlich gezwungen nicht nur ihre Gewinne zu betrachten, sondern müssten die Arbeiter teilhaben lassen, wenn sie jemanden wollen der die Arbeit macht." 8,15% war die Antwort, "die Pflegesituation würde sich verschlechtern" besonders wichtig.

3.2.3 Was würden die Befragten selbst machen, wenn sie ein bedingungsloses Grundeinkommen hätten?

Da viele als Gegenargument gegen das Bedingungslose Grundeinkommen anführen, dass die meisten nicht mehr arbeiten würden, war für mich diese Frage sehr interessant. 123 Teilnehmer haben hier geantwortet. 46,34% sagten, dass sie weiter arbeiten würden. nur 2 Personen, 1,63% gaben an, dass sie aufhören würden zu arbeiten. 20,33% würden die Gelegenheit nutzen und sich weiterbilden. 14,63% würden mehr Gehalt fordern, da sie dann nicht mehr vom Arbeitgeber abhängig sind.

3.2.4 Welche Meinungen haben die Befragten zur Umsetzbarkeit des bedingungslosen Grundeinkommens?

Die Antworten halten sich in der Waage. 54 Antworten sagen nein es ist nicht umsetzbar, 45 sagen ja es ist machbar und finanzierbar, wenn man etwas ändert.

Das häufigste Argument für die Finanzierbarkeit ist, dass zum einen Aktuell schon viel Geld in die Sozialversicherung fließt und zudem die Kosten für den aktuell doch sehr hohen Verwaltungsaufwand der Sozialversicherungen entfallen würden. Dieses Geld wäre frei und könnte in die Finanzierung des Grundeinkommens fließen. Weiterhin wird angeführt, dass eine Umverteilung etwa durch Vermögenssteuer, Begrenzung der Politiker Diäten und auch ein sinnvollerer Umgang mit den Staatseinnahmen zur Finanzierung beitragen können.

Die Gegner sehen das Hauptproblem, das die Menschen die Notwendigkeit zu Arbeiten verlieren und dadurch zusätzlich zu den aktuell von Sozialleistungen Abhängigen Menschen sehr viele hinzukommen würden die nicht mehr arbeiten wollen. Das hätte zur Folge das die Einnahmen des Staates wegbrechen und damit wäre die Finanzierung nicht mehr gegeben.

13 Personen haben Argumente für und gegen das Bedingungslose Grundeinkommen und plädieren für ein Experiment. Dieses sollte unter definierten Bedingungen stattfinden.

3.2.5 Wie würde sich das bedingungslose Grundeinkommen auf die Gesellschaft auswirken?

Das Thema Auswirkung auf die Bevölkerung ist über viele Themen gestreut. Neben einer großen Zahl von Teilnehmern, die im bedingungslosen Grundeinkommen die Chance auf eine gerechtere Gesellschaft sehen und mehr Raum für Forschung, Kunst und Bildung prognostizieren, gibt es eine ähnlich große Gruppe, die der Ansicht ist, das die Menschen sich auf ihre Faule Haut legen werden, was die Gesellschaft zusammenbrechen lässt.

Besonders interessant sehe ich das Argument, dass durch die Gerechte Versorgung aller, Neid, Feindseligkeit zwischen den Schichten und vor allem auch Rassismus seine Basis verlieren würde.

Die Gegenseite sieht eine Große Gefahr für den Arbeitsmarkt. Vor allem die sozialen Berufe aber auch andere unbeliebte Berufe wie Müllmann u.ä. würden ihre Arbeitskräfte verlieren, was sich negativ für das Gesellschaftliche Leben auswirkt.

Das Direkte Gegenargument hier ist die Emanzipation der Arbeitnehmer gegenüber den Arbeitgebern, man muss sich nicht mehr alles Gefallen lassen und seine Arbeitszeit reduzieren, sprich mit einem anderen Arbeitnehmer teilen.

3.3 Fazit der Umfrage

Interessant an der Umfrage ist vor allem die Tatsache, dass zwar viele Teilnehmer weiter arbeiten würden, ggf. unter veränderten Rahmenbedingungen, aber gleichzeitig davon ausgehen, das viele andere dies nicht tun würden. Daraus folgt, dass das bedingungslose Grundeinkommen, zwar einerseits eine Chance auf Selbstverwirklichung und Gleichberechtigung gibt, aber nicht Finanzierbar wäre, da die Einnahmen aufgrund der verminderten Zahl der Arbeitnehmer wegbrechen würden.

Woran liegt das? Wenn ich die Interview und Beitrage zu den Thementagen BG auf HR.info rekapituliere spiegeln sich in der Aussage der Umfrageteilnehmer die Aussagen vor allem konservativer Politiker die den Staat zusammenbrechen sehen, weil die Menschen ja kein Anreiz hätten zu arbeiten. Zudem fehlt vielen auch die Vorstellungskraft und auch die Hintergrundinformation über erfolgte Modellversuche sowie die Berechnungsgrundlagen für die Finanzierbarkeit eines Grundeinkommens.

Das entgegen meiner ursprünglichen Annahme vor allem Frauen mittleren Alters, Einkommens und Bildungsbereiches an der Umfrage beteiligten zeigt, dass hier das Thema besonders dringlich ist. Ich stelle die Hypothese auf, dass es genau diese Frauen sind, die aufgrund von Mutterschutz und Elternzeit, bereits Einbußen zu verzeichnen hatten oder haben, die sie mit einem bedingungslosen Grundeinkommen nicht gehabt hätten. Das geht bei dem Karriereknick los, über die Einkommenseinbuße während der Elternzeit bis hin zum Zwang schnellstmöglich das Kind in fremde Hände zu geben um wieder arbeiten zu gehen. Ist oder wird die Frau aufgrund eines Zeitarbeitsvertrages Arbeitslos, hat sie mit Kind nur bedingt Chancen auf dem Arbeitsmarkt. Die Wahrscheinlichkeit mit Kind in das AIG 2 zu fallen sind groß und werden um so größer, wenn man aufgrund einer Trennung auch noch Alleinerziehend ist oder wird. Die hohe Beteiligung von Frauen zeigt mir, dass sie aufgrund ihrer bereits existierenden oder geplanten Mutterrolle sehr viel mehr Gedanken um die Zukunft und die Chancengleichheit machen, als Männer.

Warum sich allerdings so wenige AIG 2 Bezieher zu Wort gemeldet haben ist mir nicht ganz so klar, wie die hohe Beteiligung der Frauen. Eine Hypothese wäre, dass Ihnen die Informationsgrundlage fehlt, weswegen sie nicht teilgenommen haben. Oder aber sie haben bereits resigniert und wollen keinen Gedanken und keine Hoffnung an eine Utopie verschwenden.

Um beide Phänomene genauer zu beleuchten bedarf es weiterer größer angelegter Studien. Die Umfrage war aufgrund der Beschränkung der Fragen und Antwortmöglichkeiten nicht umfassend genug. Auch war die Personenzahl mit 162 Teilnehmern nur bedingt aussagekräftig. Ich glaube jedoch, dass sich eine weitere Untersuchung auch in Hinblick auf die aktuelle politische Lage Lohnen würde.

4 Das bedingungslose Grundeinkommen und seine gesellschaftliche Bedeutung, ein Fazit.

Wie sich die Gesellschaft ändern würde mit Einführung eines bedingungslosen Grundeinkommens ist ungewiss. Die Diskussion in der Politik folgt den Erwägungen des Stimmenfangs für die nächsten Wahlen und ist mehr von Ideal und Vorurteil bestimmt als von wissenschaftlicher Basis. Der größte Feldversuch in Kanada war zwar ein erster Anhaltspunkt, aber dennoch viel zu klein um Rückschlüsse auf eine größere Gesellschaft schließen zu lassen. aus Wissenschaftlicher Sicht sind Konkrete großangelegte Feldversuche nötig um die realen Konsequenzen für Gesellschaft und Arbeitswelt abschätzen zu können. Auch wenn die Umfrage nicht repräsentativ ist, so zeigen die Teilnehmer doch die Tendenz wie im Kanadischen Feldversuch auch, trotz des Anreizes eines bedingungslosen Grundeinkommens weiter zu arbeiten. Gleichzeitig sitzt die Furcht tief, das andere das eben nicht tun.

Für die Wirtschaft würde sich bestimmt einiges ändern, wenn man nicht mehr gezwungen ist zu arbeiten. Die Menschen würden mehr für Ihre Rechte einstehen und erwarten dass sie für Ihre Arbeit angemessen bezahlt werden. Das wären Mehrkosten für die Firmen und Institutionen, doch ist das so verkehrt? Ich glaube, nach allem was ich gehört und gelesen habe, dass die Menschen, von einigen wenigen Ausnahmen abgesehen weiter arbeiten würden. Und zu diesen Ausnahmen zählen insbesondere Mütter die ihre Kinder selbst großziehen möchten und Junge Menschen, die sich ohne die Sicherheit eines bedingungslosen Grundeinkommens nie eine höhere Bildung, Studium oder Schulische, unbezahlte Ausbildung, etwa zu m Erzieher zutrauen würden. Auch schlecht bezahlte Berufe würde wieder attraktiver werden, weil man mit dem bedingungslosen Grundeinkommen eher bereit ist seine Leidenschaft zum Beruf zu machen, anstatt nur des Geldes wegen arbeiten zu gehen.

Die Auswirkungen auf die Gesellschaft wäre, wenn wir dem Kanadischen Versuch folgen, weniger Stress, besserer Ausbildungsstand, mehr Chancengleichheit.

Wie wir es auch drehen und wenden, um genauere Aussagen und Prognosen zu machen, wären weitere großangelegte, wissenschaftlich begleitete Feldversuche nötig. Ob es jedoch jemals dazu kommen wird, werden wir sehen. Aktuell sehe ich nur Politiker auf Stimmenfang. Sie haben schon soviel versprochen, dass sie nur sehr sehr selten gehalten haben.

I Anhänge

I.I Dokumentation der vollständigen Umfrage

Nr. 1

F1 Ich bin: Weiblich

F2 mein Alter liegt zwischen 30-45

F3 mein höchster Abschluss Berufsausbildung

F4 meine aktuelle Erwerbssituation Vollzeit

F5 mein Einkommen mittlerer Bereich

F6 Ich finde die Idee bedenklich

F7 Wie würde sich die Berufswelt ändern? Viele prekäre Jobs würden keine Arbeiter mehr finden

F8 Was würdest du Persönlich machen Mir meine Arbeit besser bezahlen lassen, da ich nicht mehr darauf angewiesen bin

F9 Glaubst du das Bedingungslose Grundeinkommen ist Utopie, oder wäre es machbar. Bitte begründe die Antwort.

Es wäre nicht machbar, da es einfach zu viele Schmarotzer gibt.

F10 Was würde sich mit dem bedingungslosen Grundeinkommen in der Gesellschaft ändern?

Die Faulheit würde größer werden

Nr. 2

F1 Ich bin: Weiblich

F2 mein Alter liegt zwischen 18-25

F3 mein höchster Abschluss noch Student

F4 meine aktuelle Erwerbssituation ALG 1

F5 mein Einkommen kein Einkommen

F6 Ich finde die Idee Vom Befragten übersprungene Frage

F7 Wie würde sich die Berufswelt ändern? Vom Befragten übersprungene Frage

F8 Was würdest du Persönlich machen Vom Befragten übersprungene Frage

F9 Glaubst du das Bedingungslose Grundeinkommen ist Utopie, oder wäre es machbar. Bitte begründe die Antwort. Vom Befragten übersprungene Frage

F10 Was würde sich mit dem bedingungslosen Grundeinkommen in der Gesellschaft ändern?

Vom Befragten übersprungene Frage

Nr. 3

F1 Ich bin: Weiblich

F2 mein Alter liegt zwischen 30-45

F3 mein höchster Abschluss Fachhochschulreife

F4 meine aktuelle Erwerbssituation Vollzeit

F5 mein Einkommen mittlerer Bereich

F6 Ich finde die Idee gut

F7 Wie würde sich die Berufswelt ändern? Die meisten würden weiter arbeiten gehen

F8 Was würdest du Persönlich machen Weiter arbeiten

F9 Glaubst du das Bedingungslose Grundeinkommen ist Utopie, oder wäre es machbar. Bitte begründe die Antwort.

Die Frage ist so nicht zu beantworten. Um eine begründete Antwort geben zu können, müsste ein konkreter Finanzierungsplan vorliegen.

F10 Was würde sich mit dem bedingungslosen Grundeinkommen in der Gesellschaft ändern?

Man könnte dem Beruf oder der Tätigkeit nachgehen, die man machen möchte, ohne in erster Linie nach einem Gehalt zu schauen, das die Existenz sichert.

Nr. 4

F1 Ich bin: Weiblich

F2 mein Alter liegt zwischen 18-25

F3 mein höchster Abschluss Allgemeine Hochschulreife

F4 meine aktuelle Erwerbssituation nichts von allem

F5 mein Einkommen kein Einkommen

F6 Ich finde die Idee gut

F7 Wie würde sich die Berufswelt ändern? Das Bedingungslose Grundeinkommen würde alles verteuern, weil die Firmen mehr Gehalt zahlen müssten um Arbeiter zu bekommen.

F8 Was würdest du Persönlich machen Mir meine Arbeit besser bezahlen lassen, da ich nicht mehr darauf angewiesen bin

F9 Glaubst du das Bedingungslose Grundeinkommen ist Utopie, oder wäre es machbar. Bitte begründe die Antwort. Vom Befragten übersprungene Frage

F10 Was würde sich mit dem bedingungslosen Grundeinkommen in der Gesellschaft ändern?

Vieles, menschen die unterbezahlt werden würden endlich ansatzweise dies bekommen was sie eigentlich **verdienen**

Nr. 5

F1 Ich bin: Weiblich

F2 mein Alter liegt zwischen 18-25

F3 mein höchster Abschluss Fachhochschulreife

F4 meine aktuelle Erwerbssituation nichts von allem

F5 mein Einkommen kein Einkommen

F6 Ich finde die Idee sehr gut

F7 Wie würde sich die Berufswelt ändern? Die Pflegesituation würde sich verschlechtern

F8 Was würdest du Persönlich machen Mir meine Arbeit besser bezahlen lassen, da ich nicht mehr darauf angewiesen bin

F9 Glaubst du das Bedingungslose Grundeinkommen ist Utopie, oder wäre es machbar. Bitte begründe die Antwort.

Vom Befragten übersprungene Frage

F10 Was würde sich mit dem bedingungslosen Grundeinkommen in der Gesellschaft ändern?

Vom Befragten übersprungene Frage

Nr. 6

F1 Ich bin: Weiblich

F2 mein Alter liegt zwischen 30-45

F3 mein höchster Abschluss Diplom

F4 meine aktuelle Erwerbssituation Vollzeit

F5 mein Einkommen Hohes Einkommen

F6 Ich finde die Idee Vom Befragten übersprungene Frage

F7 Wie würde sich die Berufswelt ändern? Vom Befragten übersprungene Frage

F8 Was würdest du Persönlich machen Vom Befragten übersprungene Frage

F9 Glaubst du das Bedingungslose Grundeinkommen ist Utopie, oder wäre es machbar. Bitte begründe die Antwort.

Vom Befragten übersprungene Frage

F10 Was würde sich mit dem bedingungslosen Grundeinkommen in der Gesellschaft ändern?

Vom Befragten übersprungene Frage

Nr. 7

F1 Ich bin: Weiblich

F2 mein Alter liegt zwischen 25-30

F3 mein höchster Abschluss Allgemeine Hochschulreife

F4 meine aktuelle Erwerbssituation Vollzeit

F5 mein Einkommen mittlerer Bereich

F6 Ich finde die Idee weiß nicht

F7 Wie würde sich die Berufswelt ändern? Viele prekäre Jobs würden keine Arbeiter mehr finden

F8 Was würdest du Persönlich machen Teilzeit

Sonstiges (bitte angeben):

F9 Glaubst du das Bedingungslose Grundeinkommen ist Utopie, oder wäre es machbar. Bitte begründe die Antwort.

Utopie!

F10 Was würde sich mit dem bedingungslosen Grundeinkommen in der Gesellschaft ändern?

Mehr teilzeit Jobs

Nr. 8

F1 Ich bin: Weiblich

F2 mein Alter liegt zwischen 30-45

F3 mein höchster Abschluss Allgemeine Hochschulreife

F4 meine aktuelle Erwerbssituation Teilzeit

F5 mein Einkommen mittlerer Bereich

F6 Ich finde die Idee weiß nicht

F7 Wie würde sich die Berufswelt ändern? Viele prekäre Jobs würden keine Arbeiter mehr finden

F8 Was würdest du Persönlich machen Weiter arbeiten

F9 Glaubst du das Bedingungslose Grundeinkommen ist Utopie, oder wäre es machbar. Bitte begründe die Antwort.

Ich glaube nicht dass es Utopie ist, Aber es gibt keine nachhaltigen Belege, wie sich die Situation verändern würde. Viele offene Fragen welche zuvor konkret beantwortet werden müssten. Es reicht nicht an das gute im Menschen zu glauben

F10 Was würde sich mit dem bedingungslosen Grundeinkommen in der Gesellschaft ändern?

Weiß ich nicht und ist auch schwer abzuschätzen Da es keine Feldversuche gibt, welche Hinweise geben könnten

Nr. 9

F1 Ich bin: Männlich

F2 mein Alter liegt zwischen 30-45

F3 mein höchster Abschluss Diplom

F4 meine aktuelle Erwerbssituation Teilzeit

F5 mein Einkommen mindestlohn

F6 Ich finde die Idee bedenklich

F7 Wie würde sich die Berufswelt ändern? Die Pflegesituation würde sich

verschlechtern

F8 Was würdest du Persönlich machen nur noch das machen was mir Spaß macht egal ob bezahlt oder nicht

F9 Glaubst du das Bedingungslose Grundeinkommen ist Utopie, oder wäre es machbar. Bitte begründe die Antwort.

Natürlich eine Utopie. Die Frage ist ob es eine umsetzbare Utopie sein könnte. Ich glaube sie würde scheitern, da sie nicht finanzierbar wärw, und dadurch Arbeitskraft verloren geht die nicht ersetzt werden kann

F10 Was würde sich mit dem bedingungslosen Grundeinkommen in der Gesellschaft ändern?

Dringend benötigte Arbeitskräfte im sozialen und vor allem pflegerischen Bereich sowie im Sicherheitsbereich würden fehlen und unsere Gesellschaft könnte das nicht ausgleichen. Im Gegenzug könnten viele den Versuch starten sich selbst zu verwirklichen und ihren Hobbys nachgehen.

Nr. 10

F1 Ich bin: Weiblich

F2 mein Alter liegt zwischen 18-25

F3 mein höchster Abschluss Berufsausbildung

F4 meine aktuelle Erwerbssituation nichts von allem

F5 mein Einkommen kein Einkommen

F6 Ich finde die Idee Vom Befragten übersprungene Frage

F7 Wie würde sich die Berufswelt ändern? Vom Befragten übersprungene Frage

F8 Was würdest du Persönlich machen Vom Befragten übersprungene Frage

F9 Glaubst du das Bedingungslose Grundeinkommen ist Utopie, oder wäre es machbar. Bitte begründe die Antwort.

Vom Befragten übersprungene Frage

F10 Was würde sich mit dem bedingungslosen Grundeinkommen in der Gesellschaft ändern?

Vom Befragten übersprungene Frage

Nr. 11

F1 Ich bin: Weiblich

F2 mein Alter liegt zwischen 25-30

F3 mein höchster Abschluss Realschule

F4 meine aktuelle Erwerbssituation Teilzeit

F5 mein Einkommen mittlerer Bereich

F6 Ich finde die Idee Vom Befragten übersprungene Frage

F7 Wie würde sich die Berufswelt ändern? Vom Befragten übersprungene Frage

F8 Was würdest du Persönlich machen Vom Befragten übersprungene Frage

F9 Glaubst du das Bedingungslose Grundeinkommen ist Utopie, oder wäre es machbar. Bitte begründe die Antwort.

Vom Befragten übersprungene Frage

F10 Was würde sich mit dem bedingungslosen Grundeinkommen in der Gesellschaft ändern?

Vom Befragten übersprungene Frage

Nr. 12

F1 Ich bin: Weiblich

F2 mein Alter liegt zwischen 30-45

F3 mein höchster Abschluss Bachelor

F4 meine aktuelle Erwerbssituation Vollzeit

F5 mein Einkommen mittlerer Bereich

F6 Ich finde die Idee Vom Befragten übersprungene Frage

F7 Wie würde sich die Berufswelt ändern? Vom Befragten übersprungene Frage

F8 Was würdest du Persönlich machen Vom Befragten übersprungene Frage

F9 Glaubst du das Bedingungslose Grundeinkommen ist Utopie, oder wäre es machbar. Bitte begründe die Antwort.

Vom Befragten übersprungene Frage

F10 Was würde sich mit dem bedingungslosen Grundeinkommen in der Gesellschaft ändern?

Vom Befragten übersprungene Frage

Nr. 13

F1 Ich bin: Weiblich

F2 mein Alter liegt zwischen 18-25

F3 mein höchster Abschluss noch Student

F4 meine aktuelle Erwerbssituation Minijob

F5 mein Einkommen kein Einkommen

F6 Ich finde die Idee gut

F7 Wie würde sich die Berufswelt ändern? Viele würde einfach nur noch ihren Hobbies nachgehen

F8 Was würdest du Persönlich machen nur noch das machen was mir Spaß macht egal ob bezahlt oder nicht

F9 Glaubst du das Bedingungslose Grundeinkommen ist Utopie, oder wäre es machbar. Bitte begründe die Antwort.

Ich denke es gibt noch zuviele Probleme ihne Lösung

F10 Was würde sich mit dem bedingungslosen Grundeinkommen in der Gesellschaft ändern?

Viele Menschen würde nur noch Teilzeit arbeiten

Nr. 14

F1 Ich bin: Weiblich

F2 mein Alter liegt zwischen 30-45

F3 mein höchster Abschluss noch Student

F4 meine aktuelle Erwerbssituation Vollzeit

F5 mein Einkommen mittlerer Bereich

F6 Ich finde die Idee Vom Befragten übersprungene Frage

F7 Wie würde sich die Berufswelt ändern? Vom Befragten übersprungene Frage

F8 Was würdest du Persönlich machen Vom Befragten übersprungene Frage

F9 Glaubst du das Bedingungslose Grundeinkommen ist Utopie, oder wäre es machbar. Bitte begründe die Antwort.

Vom Befragten übersprungene Frage

F10 Was würde sich mit dem bedingungslosen Grundeinkommen in der Gesellschaft ändern?

Vom Befragten übersprungene Frage

Nr. 15

F1 Ich bin: Weiblich

F2 mein Alter liegt zwischen 30-45

F3 mein höchster Abschluss Berufsausbildung

F4 meine aktuelle Erwerbssituation nichts von allem

F5 mein Einkommen mittlerer Bereich

F6 Ich finde die Idee bedenklich

F7 Wie würde sich die Berufswelt ändern? Viele prekäre Jobs würden keine Arbeiter mehr finden

F8 Was würdest du Persönlich machen Mich ohne Druck weiterbilden

F9 Glaubst du das Bedingungslose Grundeinkommen ist Utopie, oder wäre es machbar. Bitte begründe die Antwort.

Schwer zu beurteilen, es erscheint mir eher unrealistisch, wäre aber geneigt es auszuprobieren

F10 Was würde sich mit dem bedingungslosen Grundeinkommen in der Gesellschaft ändern?

Einige würden erst recht nicht arbeiten gehen, einige könnten sich besser weiterbilden. Unternehmen müssten besser bezahlen

Nr. 16

F1 Ich bin: Weiblich

F2 mein Alter liegt zwischen 30-45

F3 mein höchster Abschluss Meister/Techniker

F4 meine aktuelle Erwerbssituation Teilzeit

F5 mein Einkommen mittlerer Bereich

F6 Ich finde die Idee sehr gut

F7 Wie würde sich die Berufswelt ändern? Die meisten würden weiter arbeiten gehen

F8 Was würdest du Persönlich machen Weiter arbeiten

F9 Glaubst du das Bedingungslose Grundeinkommen ist Utopie, oder wäre es machbar. Bitte begründe die Antwort.

Es wäre machbar, wenn denn die finanziellen mittel da wären

F10 Was würde sich mit dem bedingungslosen Grundeinkommen in der Gesellschaft ändern?

Jeder mensch hätte eben ein bedingungsloses einkommen, die ärmsten der armen würden ein auskommen haben. Die schere zwischen arm und reich wäre nicht mehr so groß

Nr. 17

F1 Ich bin: Weiblich

F2 mein Alter liegt zwischen 30-45

F3 mein höchster Abschluss Berufsausbildung

F4 meine aktuelle Erwerbssituation ALG 1

F5 mein Einkommen mittlerer Bereich

F6 Ich finde die Idee bedenklich

F7 Wie würde sich die Berufswelt ändern? Viele prekäre Jobs würden keine Arbeiter mehr finden

F8 Was würdest du Persönlich machen Mir meine Arbeit besser bezahlen lassen, da ich nicht mehr darauf angewiesen bin

F9 Glaubst du das Bedingungslose Grundeinkommen ist Utopie, oder wäre es machbar. Bitte begründe die Antwort.

Es klingt mehr nach Utopie - unvorstellbar, dass der Staat sich das leisten könnte/würde... und die Motivation sich mit Arbeit zu bemühen würde vermutlich bei vielen dramatisch sinken

F10 Was würde sich mit dem bedingungslosen Grundeinkommen in der Gesellschaft ändern?

Aussterbende Jobs, fehlende Motivation zur Arbeitssuche aber auf der Gegenseite sicherlich für einige Menschen, die sich in prekären Lebenslagen befinden eine deutliche aber der Lebensumstände

Nr. 18

F1 Ich bin: Weiblich

F2 mein Alter liegt zwischen 30-45

F3 mein höchster Abschluss noch Student

F4 meine aktuelle Erwerbssituation Teilzeit

F5 mein Einkommen mittlerer Bereich

F6 Ich finde die Idee bedenklich

F7 Wie würde sich die Berufswelt ändern? Viele prekäre Jobs würden keine Arbeiter mehr finden

F8 Was würdest du Persönlich machen Mir meine Arbeit besser bezahlen lassen, da ich nicht mehr darauf angewiesen bin

F9 Glaubst du das Bedingungslose Grundeinkommen ist Utopie, oder wäre es machbar. Bitte begründe die Antwort.

Utopie da die Menschen von Natur aus faul sind

F10 Was würde sich mit dem bedingungslosen Grundeinkommen in der Gesellschaft ändern?

Es gäbe keine Arbeiter mehr für unangenehme Jobs

Nr. 19

F1 Ich bin: Weiblich

F2 mein Alter liegt zwischen 18-25

F3 mein höchster Abschluss noch Student

F4 meine aktuelle Erwerbssituation Minijob

F5 mein Einkommen mindestlohn

F6 Ich finde die Idee sehr gut

F7 Wie würde sich die Berufswelt ändern? Die Industrie wäre endlich gezwungen nicht nur ihre Gewinne zu betrachten, sondern müsste die Arbeiter teilhaben lassen wenn sie jemanden wollend er die Arbeit noch macht.

F8 Was würdest du Persönlich machen Mir meine Arbeit besser bezahlen lassen, da ich nicht mehr darauf angewiesen bin

F9 Glaubst du das Bedingungslose Grundeinkommen ist Utopie, oder wäre es

machbar. Bitte begründe die Antwort.

Ich glaube es wäre machbar. Es wäre eine drastische Änderung aber für das was die Umsetzung für Vorteile bringt, bin ich dafür.

F10 Was würde sich mit dem bedingungslosen Grundeinkommen in der Gesellschaft ändern?

Wir wären von dem Druck der Arbeit entlastet sowie dem Druck uns vom Staat durch Hartz 4 helfen zu lassen. Wir wären nicht mehr an die Arbeit gebunden und könnten unserer Leidenschaft endlich nach geben und diese zum Beruf machen.

Nr. 20

F1 Ich bin: Weiblich

F2 mein Alter liegt zwischen 30-45

F3 mein höchster Abschluss Meister/Techniker

F4 meine aktuelle Erwerbssituation Vollzeit

F5 mein Einkommen mittlerer Bereich

F6 Ich finde die Idee Vom Befragten übersprungene Frage

F7 Wie würde sich die Berufswelt ändern? Vom Befragten übersprungene Frage

F8 Was würdest du Persönlich machen Vom Befragten übersprungene Frage

F9 Glaubst du das Bedingungslose Grundeinkommen ist Utopie, oder wäre es machbar. Bitte begründe dieAntwort.

Vom Befragten übersprungene Frage

F10 Was würde sich mit dem bedingungslosenGrundeinkommen in der Gesellschaft ändern?

Vom Befragten übersprungene Frage

Nr. 21

F1 Ich bin: Männlich

F2 mein Alter liegt zwischen 30-45

F3 mein höchster Abschluss Berufsausbildung

F4 meine aktuelle Erwerbssituation Vollzeit

F5 mein Einkommen Hohes Einkommen

F6 Ich finde die Idee Vom Befragten übersprungene Frage

F7 Wie würde sich die Berufswelt ändern? Vom Befragten übersprungene Frage

F8 Was würdest du Persönlich machen Vom Befragten übersprungene Frage

F9 Glaubst du das Bedingungslose Grundeinkommen ist Utopie, oder wäre es machbar. Bitte begründe die Antwort.

Vom Befragten übersprungene Frage

F10 Was würde sich mit dem bedingungslosen Grundeinkommen in der Gesellschaft ändern?

Vom Befragten übersprungene Frage

Nr. 22

F1 Ich bin: Weiblich

F2 mein Alter liegt zwischen 30-45

F3 mein höchster Abschluss Diplom

F4 meine aktuelle Erwerbssituation nichts von allem

F5 mein Einkommen kein Einkommen

F6 Ich finde die Idee bedenklich

F7 Wie würde sich die Berufswelt ändern? Viele prekäre Jobs würden keine Arbeiter mehr finden

F8 Was würdest du Persönlich machen Weiter arbeiten

F9 Glaubst du das Bedingungslose Grundeinkommen ist Utopie, oder wäre es machbar. Bitte begründe die Antwort.

eine vision - leider nicht mehr

F10 Was würde sich mit dem bedingungslosen Grundeinkommen in der Gesellschaft ändern?

Vom Befragten übersprungene Frage

Nr. 23

F1 Ich bin: Weiblich

F2 mein Alter liegt zwischen 30-45

F3 mein höchster Abschluss Berufsausbildung

F4 meine aktuelle Erwerbssituation Teilzeit

F5 mein Einkommen mittlerer Bereich

F6 Ich finde die Idee weiß nicht

F7 Wie würde sich die Berufswelt ändern? Viele prekäre Jobs würden keine Arbeiter mehr finden

F8 Was würdest du Persönlich machen nur noch das machen was mir Spaß macht egal ob bezahlt oder nicht

F9 Glaubst du das Bedingungslose Grundeinkommen ist Utopie, oder wäre es machbar. Bitte begründe die Antwort.

Ich glaub es ist Utopisch. Zum einen gibt es bereits heute genügend Personen, die mit den staatlichen Leistungen zufrieden sind und lieber etwas weniger haben, als arbeiten zu gehen und zum anderen glaub ich werden gewisse Jobs nicht mehr gemacht werden,

F10 Was würde sich mit dem bedingungslosen Grundeinkommen in der Gesellschaft ändern?

Berufe sterben aus, weniger berufstätig

Nr. 24

F1 Ich bin: Weiblich

F2 mein Alter liegt zwischen 30-45

F3 mein höchster Abschluss noch Student

F4 meine aktuelle Erwerbssituation nichts von allem

F5 mein Einkommen kein Einkommen

F6 Ich finde die Idee weiß nicht

F7 Wie würde sich die Berufswelt ändern? Viele prekäre Jobs würden keine Arbeiter mehr finden

F8 Was würdest du Persönlich machen Mich ohne Druck weiterbilden

F9 Glaubst du das Bedingungslose Grundeinkommen ist Utopie, oder wäre es machbar. Bitte begründe die Antwort.

Meiner Meinung nach ist es wirklich utopisch, denn es bringt leider viele negative Aspekte mit sich. Wer würde noch putzen gehen? Oder andere unattraktive Jobs übernehmen?? Und die große Frage, woher solle das Geld genommen werden?? Was allerdings ein interessantes Thema wäre, kostenlose Grundversorgung wie: Wasser, Gas, Strom...

F10 Was würde sich mit dem bedingungslosen Grundeinkommen in der Gesellschaft ändern?

Es würden viele Menschen nicht mehr arbeiten gehen, sich weniger bilden..dies würde evtl sogar zu kulturellem negativen Wandel kommen

Nr. 25

F1 Ich bin: Männlich

F2 mein Alter liegt zwischen 60-70

F3 mein höchster Abschluss Allgemeine Hochschulreife

F4 meine aktuelle Erwerbssituation Pensionär

F5 mein Einkommen mittlerer Bereich

F6 Ich finde die Idee gut

F7 Wie würde sich die Berufswelt ändern? Viele prekäre Jobs würden keine Arbeiter mehr finden

F8 Was würdest du Persönlich machen Weiter arbeiten

F9 Glaubst du das Bedingungslose Grundeinkommen ist Utopie, oder wäre es machbar. Bitte begründe die Antwort.

Utopie. Letztendlich macht es uns Harz IV schon vor, wenn das auch an soviele Bedingungen geknüpft ist - dennoch würde es vielen ausreichen und die Motivation zum arbeiten sinkt

F10 Was würde sich mit dem bedingungslosen Grundeinkommen in der Gesellschaft ändern?

Niedriglohnjobs würden aussterben, Sozialabgaben und Steuern müssten steigen... die Situation ist nicht kalkulierbar

Nr. 26

F1 Ich bin: Weiblich

F2 mein Alter liegt zwischen 30-45

F3 mein höchster Abschluss Allgemeine Hochschulreife

F4 meine aktuelle Erwerbssituation Vollzeit

F5 mein Einkommen mittlerer Bereich

F6 Ich finde die Idee gut

F7 Wie würde sich die Berufswelt ändern? Die meisten würden weiter arbeiten gehen

F8 Was würdest du Persönlich machen Mich ohne Druck weiterbilden

F9 Glaubst du das Bedingungslose Grundeinkommen ist Utopie, oder wäre es machbar. Bitte begründe die Antwort.

Vom Befragten übersprungene Frage

F10 Was würde sich mit dem bedingungslosen Grundeinkommen in der Gesellschaft ändern?

Vom Befragten übersprungene Frage

Nr. 27

F1 Ich bin: Weiblich

F2 mein Alter liegt zwischen 25-30

F3 mein höchster Abschluss Berufsausbildung

F4 meine aktuelle Erwerbssituation Teilzeit

F5 mein Einkommen mindestlohn

F6 Ich finde die Idee Vom Befragten übersprungene Frage

F7 Wie würde sich die Berufswelt ändern? Vom Befragten übersprungene Frage

F8 Was würdest du Persönlich machen Vom Befragten übersprungene Frage

F9 Glaubst du das Bedingungslose Grundeinkommen ist Utopie, oder wäre es machbar. Bitte begründe die Antwort.

Vom Befragten übersprungene Frage

F10 Was würde sich mit dem bedingungslosen Grundeinkommen in der Gesellschaft ändern?

Vom Befragten übersprungene Frage

Nr. 28

F1 Ich bin: Weiblich

F2 mein Alter liegt zwischen 18-25

F3 mein höchster Abschluss Bachelor

F4 meine aktuelle Erwerbssituation Vollzeit

F5 mein Einkommen mittlerer Bereich

F6 Ich finde die Idee gut

F7 Wie würde sich die Berufswelt ändern? Viele prekäre Jobs würden keine Arbeiter mehr finden

F8 Was würdest du Persönlich machen Mich ohne Druck weiterbilden

F9 Glaubst du das Bedingungslose Grundeinkommen ist Utopie, oder wäre es machbar. Bitte begründe die Antwort.

Ich hoffe, dass es sie irgendwann geben wird! Allerdings ist das mit so viel Änderung, Abklärung, Bürokratie und Problemen verbunden, dass es wohl (vorerst) nicht dazu kommen wird - nicht zuletzt, da die Politik das Problem mit der Bezahlung wohl nicht klären könnte (Lobby der Indurstrie wegen steuern etc.)

F10 Was würde sich mit dem bedingungslosen Grundeinkommen in der Gesellschaft ändern?

Die Faulen währen noch fauler.. der (untere) Mittelstand würde jedoch stark davon profitieren, da sie sich mehr leisten könnten. Gerade bei Familien entsteht so eine finanzielle Freiheit, die für Kindererziehung oder Altenpflege dringen gebraucht werden würde.

Nr. 29

F1 Ich bin: Weiblich

F2 mein Alter liegt zwischen 18-25

F3 mein höchster Abschluss Fachhochschulreife

F4 meine aktuelle Erwerbssituation nichts von allem

F5 mein Einkommen kein Einkommen

F6 Ich finde die Idee weiß nicht

F7 Wie würde sich die Berufswelt ändern? Einige Berufe würden aussterben

F8 Was würdest du Persönlich machen Mir meine Arbeit besser bezahlen lassen, da ich nicht mehr darauf angewiesen bin

F9 Glaubst du das Bedingungslose Grundeinkommen ist Utopie, oder wäre es machbar. Bitte begründe die Antwort.

Das bedingungslose Grundeinkommen bringt vor und Nachteile mit sich. Es wäre machbar aber hätte zu folge, dass viele Berufe und die pflegerischen Berufe keiner mehr machen möchte. Viele Menschen werden sich auf die faule Haut legen und wir werden einen Mangel an Pflegekräften etc. Bekommen.

F10 Was würde sich mit dem bedingungslosen Grundeinkommen in der Gesellschaft ändern?

Viele Menschen werden daheim bleiben. Sie werden nicht mehr arbeiten gehen und vom bedingungslosen grundeinkommen leben .

Nr. 30

F1 Ich bin: Weiblich

F2 mein Alter liegt zwischen 30-45

F3 mein höchster Abschluss Bachelor

F4 meine aktuelle Erwerbssituation Vollzeit

F5 mein Einkommen Hohes Einkommen

F6 Ich finde die Idee weiß nicht

F7 Wie würde sich die Berufswelt ändern? Die meisten würden weiter arbeiten gehen

F8 Was würdest du Persönlich machen Weiter arbeiten

F9 Glaubst du das Bedingungslose Grundeinkommen ist Utopie, oder wäre es machbar. Bitte begründe die Antwort.

Nicht bezahlbar

F10 Was würde sich mit dem bedingungslosen Grundeinkommen in der Gesellschaft ändern?

Nix

Nr. 31

F1 Ich bin: Weiblich

F2 mein Alter liegt zwischen 18-25

F3 mein höchster Abschluss Allgemeine Hochschulreife

F4 meine aktuelle Erwerbssituation Vollzeit

F5 mein Einkommen mittlerer Bereich

F6 Ich finde die Idee sehr gut

F7 Wie würde sich die Berufswelt ändern? Die Industrie wäre endlich gezwungen nicht nur ihre Gewinne zu betrachten, sondern müsste die Arbeiter teilhaben lassen wenn sie jemanden wollend er die Arbeit noch macht.

F8 Was würdest du Persönlich machen Mich ohne Druck weiterbilden

F9 Glaubst du das Bedingungslose Grundeinkommen ist Utopie, oder wäre es machbar. Bitte begründe die Antwort.

Für mich ist es auf der einen Seite eine gute aber auch schlechte Idee. Es wäre gut , da die Gesellschaft sich von einer

Leistungsgesellschaft zu einer individuellen , sozialeren Gesellschaft entwickeln würde . Und dadurch bestimmt auch leistungsstark sein kann , da z.B. Menschen die zuvor keine Chance auf eine bestimmte Bildung hatten dies nun verwirklichen können . Es würde allerdings zuvor ein großer Bruch entstehen , ich stelle es mir vor wie ein lottogewinn. Zuerst kauft man alles was man sich schon immer erträumt hat . Irgendwann versteht man das das nicht alles ist und beginnt sich zu verwirklichen . Es muss ein Umdenken in der Gesellschaft stattfinden.

F10 Was würde sich mit dem bedingungslosen Grundeinkommen in der Gesellschaft ändern?

Schon in 9 aufgegriffen ^^

Nr. 32

F1 Ich bin: Weiblich

F2 mein Alter liegt zwischen 25-30

F3 mein höchster Abschluss Berufsausbildung

F4 meine aktuelle Erwerbssituation nichts von allem

F5 mein Einkommen mittlerer Bereich

F6 Ich finde die Idee Vom Befragten übersprungene Frage

F7 Wie würde sich die Berufswelt ändern? Vom Befragten übersprungene Frage

F8 Was würdest du Persönlich machen Vom Befragten übersprungene Frage

F9 Glaubst du das Bedingungslose Grundeinkommen ist Utopie, oder wäre es machbar. Bitte begründe die Antwort.

Vom Befragten übersprungene Frage

F10 Was würde sich mit dem bedingungslosen Grundeinkommen in der Gesellschaft ändern?

Vom Befragten übersprungene Frage

Nr. 33

F1 Ich bin: Weiblich

F2 mein Alter liegt zwischen 30-45

F3 mein höchster Abschluss Berufsausbildung

F4 meine aktuelle Erwerbssituation Vollzeit

F5 mein Einkommen mittlerer Bereich

F6 Ich finde die Idee bedenklich

F7 Wie würde sich die Berufswelt ändern? keine Antwort möglich, da es auf die Finanzierungsart des

BGE ankommt ;) (ich habe die arbeit schon geschrieben)

F8 Was würdest du Persönlich machen nur noch halbtags arbeiten / oder minijob, je nachdem

wieviel geld tatsächlich übrig bleiben würde, auch hier ist nur eine aussage nach weiteren infos möglich)

F9 Glaubst du das Bedingungslose Grundeinkommen ist Utopie, oder wäre es machbar. Bitte begründe die Antwort.

es ist keinesfalls eine utopie, hat definitiv seine vorteile aber es damit es fair umgesetzt werden kann und den entsprechenden vorteil mit sich bringt, sollte weiter gedacht werden. wichtig für mich persönlich: keine finanzierung über höhere steuern, solange die deppen oben nicht selber klar kommen. steuerverschwendung, kranke gelder für staatsdiener und große steuerhinterziehungen, besonders von bereits reichen menschen, welche unsinnig "bestraft" wird sollte überdacht werden, bevor den einfachen arbeitern noch mehr geld aus der tasche gezogen wird.

F10 Was würde sich mit dem bedingungslosen Grundeinkommen in der Gesellschaft ändern?

blablabla...kommt auf die finanzierung an :) wenn das bge durch einkommenssteuern finanziert werden würde, dann wären immernoch die "arbeitslosen", sehr grob gesagt die assis, welche sich durch uns finanzieren lassen, denn sie zahlen ja nicht ein. Viele hoch geschätzte auswirkungen würden mit sicherheit gar nicht erst entstehen. zudem kommt es auf die perspektive an, ob etwas gut oder negativ zu bewerten ist. ich hoffe doch aber, dass sich der gesundheitliche (physisch sowie psychisch) zustand der menschen verbessern würde, wenn ihm existenzängste genommen werde würden und man etwas entspannter in den tag leben würde. um alle vor und nachteile aufzuzählen ist wohl deine lesefreude nicht groß genug, doch gibt es immer ecken, an die man nicht gedacht hat/haben kann, da das menschliche handeln einfach nicht vorhersehbar ist. einige meinen, wir würden faul werden, andere behaupten, dass wir unser eigentlich berufung entdecken und nachgehen würden und somit gleichzeitig produkiver sein könnten. usw usw, ich hoffe ich konnte dir helfen. lg

Nr. 34

F1 Ich bin: Weiblich

F2 mein Alter liegt zwischen 45-60

F3 mein höchster Abschluss noch Student

F4 meine aktuelle Erwerbssituation Vollzeit

F5 mein Einkommen mittlerer Bereich

F6 Ich finde die Idee sehr gut

F7 Wie würde sich die Berufswelt ändern? Die meisten würden weiter arbeiten gehen

F8 Was würdest du Persönlich machen Weiter arbeiten

F9 Glaubst du das Bedingungslose Grundeinkommen ist Utopie, oder wäre es machbar. Bitte begründe die Antwort.

Im Sinne von Götz Werner eine Utopie, die Visionen von Dieter Althaus sind meiner Meinung nach umsetzbar, da sie besser durchdacht und auch durchgerechnet wurden

F10 Was würde sich mit dem bedingungslosen Grundeinkommen in der Gesellschaft ändern?

Ist abhängig von der Höhe des BGE. Änderung des Steuersystems, Vereinfachung desselben, Auswirkungen auf Gesellschaft und Wirtschaft. Veränderung der

Wettbewerbsnedingungen....

Nr. 35

F1 Ich bin: Weiblich

F2 mein Alter liegt zwischen 30-45

F3 mein höchster Abschluss Diplom

F4 meine aktuelle Erwerbssituation Vollzeit

F5 mein Einkommen mittlerer Bereich

F6 Ich finde die Idee gut

F7 Wie würde sich die Berufswelt ändern? Das Bedingungslose Grundeinkommen würde alles verteuern, weil die Firmen mehr Gehalt zahlen müssten um Arbeiter zu bekommen.

F8 Was würdest du Persönlich machen Mir meine Arbeit besser bezahlen lassen, da ich nicht mehr darauf angewiesen bin

F9 Glaubst du das Bedingungslose Grundeinkommen ist Utopie, oder wäre es machbar. Bitte begründe die Antwort.

Ich denke nicht, da das Gesellschaftssystem komplett umgestellt werden müsste

F10 Was würde sich mit dem bedingungslosen Grundeinkommen in der Gesellschaft ändern?

Es gäbe keine Armut mehr, Organisationen wie die Tafeln könnten abgeschafft werden. Es gäbe keine Obdachlosen mehr. Andererseits gäbe es weiterhin Süchtige und unliebsame Berufe würden nur noch vin jenen, die eine Leidenschaft dafür haben, ausgeübt. Vielleicht dann auch in vielen Bereichen endlich mit angemessenem Lohn.

Nr. 36

F1 Ich bin: Weiblich

F2 mein Alter liegt zwischen 45-60

F3 mein höchster Abschluss noch Student

F4 meine aktuelle Erwerbssituation Minijob

F5 mein Einkommen mittlerer Bereich

F6 Ich finde die Idee gut

F7 Wie würde sich die Berufswelt ändern? Die meisten würden weiter arbeiten gehen

F8 Was würdest du Persönlich machen Weiter arbeiten

F9 Glaubst du das Bedingungslose Grundeinkommen ist Utopie, oder wäre es machbar. Bitte begründe die Antwort.

Es wäre machbar, wenn das Konzept stimmig ist, d. h. die Höhe des BGE klug gewählt wird und andere sozialpolitische Maßnahmen entsprechend angepasst werden.

F10 Was würde sich mit dem bedingungslosen Grundeinkommen in der Gesellschaft ändern?

Es gäbe eine breitere Mittelschicht, die sog. "Unterschicht" wäre nicht mehr so groß.

Nr. 37

F1 Ich bin: Weiblich

F2 mein Alter liegt zwischen 30-45

F3 mein höchster Abschluss Allgemeine Hochschulreife

F4 meine aktuelle Erwerbssituation Teilzeit

F5 mein Einkommen mittlerer Bereich

F6 Ich finde die Idee Vom Befragten übersprungene Frage

F7 Wie würde sich die Berufswelt ändern? Vom Befragten übersprungene Frage

F8 Was würdest du Persönlich machen Vom Befragten übersprungene Frage

F9 Glaubst du das Bedingungslose Grundeinkommen ist Utopie, oder wäre es machbar. Bitte begründe die Antwort.

Vom Befragten übersprungene Frage

F10 Was würde sich mit dem bedingungslosen Grundeinkommen in der Gesellschaft ändern?

Vom Befragten übersprungene Frage

Nr. 38

F1 Ich bin: Männlich

F2 mein Alter liegt zwischen 18-25

F3 mein höchster Abschluss Berufsausbildung

F4 meine aktuelle Erwerbssituation Vollzeit

F5 mein Einkommen mittlerer Bereich

F6 Ich finde die Idee gut

F7 Wie würde sich die Berufswelt ändern? Die meisten würden weiter arbeiten gehen

F8 Was würdest du Persönlich machen nur noch das machen was mir Spaß macht egal ob bezahlt oder nicht

F9 Glaubst du das Bedingungslose Grundeinkommen ist Utopie, oder wäre es machbar. Bitte begründe die Antwort.

Vom Befragten übersprungene Frage

F10 Was würde sich mit dem bedingungslosen Grundeinkommen in der Gesellschaft ändern?

Vom Befragten übersprungene Frage

Nr. 39

F1 Ich bin: Weiblich

F2 mein Alter liegt zwischen 45-60

F3 mein höchster Abschluss Berufsausbildung

F4 meine aktuelle Erwerbssituation Vollzeit

F5 mein Einkommen mittlerer Bereich

F6 Ich finde die Idee bedenklich

F7 Wie würde sich die Berufswelt ändern? Das Bedingungslose Grundeinkommen würde alles verteuern, weil die Firmen mehr Gehalt zahlen müssten um Arbeiter zu bekommen.

F8 Was würdest du Persönlich machen Mich ohne Druck weiterbilden

F9 Glaubst du das Bedingungslose Grundeinkommen ist Utopie, oder wäre es machbar. Bitte begründe die Antwort.

Ich denke, es ist Utopie, weil sich alles verteuert. Außerdem werden sich die Werte der nächsten Generation verändern, wenn Anstrengungen, um z.b. einen guten Schulabschluss oder eine gute Ausbildung zu erreichen nicht mehr notwendig sind, um ein existenssicherndes Einkommen zu erwirtschaften.

F10 Was würde sich mit dem bedingungslosen Grundeinkommen in der Gesellschaft ändern?

s.o.

Nr. 40

F1 Ich bin: Weiblich

F2 mein Alter liegt zwischen 25-30

F3 mein höchster Abschluss Realschule

F4 meine aktuelle Erwerbssituation nichts von allem

F5 mein Einkommen mittlerer Bereich

F6 Ich finde die Idee Vom Befragten übersprungene Frage

F7 Wie würde sich die Berufswelt ändern? Vom Befragten übersprungene Frage

F8 Was würdest du Persönlich machen Vom Befragten übersprungene Frage

F9 Glaubst du das Bedingungslose Grundeinkommen ist Utopie, oder wäre es machbar. Bitte begründe die Antwort.

Vom Befragten übersprungene Frage

F10 Was würde sich mit dem bedingungslosen Grundeinkommen in der Gesellschaft ändern?

Vom Befragten übersprungene Frage

Nr. 41

F1 Ich bin: Weiblich

F2 mein Alter liegt zwischen 30-45

F3 mein höchster Abschluss Berufsausbildung

F4 meine aktuelle Erwerbssituation Vollzeit

F5 mein Einkommen mittlerer Bereich

F6 Ich finde die Idee weiß nicht

F7 Wie würde sich die Berufswelt ändern? Viele würde einfach nur noch ihren Hobbies nachgehen

F8 Was würdest du Persönlich machen Mir meine Arbeit besser bezahlen lassen, da ich nicht mehr darauf angewiesen bin

F9 Glaubst du das Bedingungslose Grundeinkommen ist Utopie, oder wäre es machbar. Bitte begründe die Antwort.

Utopie - keine Motivation für Mehrarbeit, WB, Qualität, usw.

F10 Was würde sich mit dem bedingungslosen Grundeinkommen in der Gesellschaft ändern?

Qualität in jedem Bereich wird sinken und somit auch für Zufriedenheit in der Gesellschaft

Nr. 42

F1 Ich bin: Weiblich

F2 mein Alter liegt zwischen 30-45

F3 mein höchster Abschluss Allgemeine Hochschulreife

F4 meine aktuelle Erwerbssituation Teilzeit

F5 mein Einkommen mittlerer Bereich

F6 Ich finde die Idee Vom Befragten übersprungene Frage

F7 Wie würde sich die Berufswelt ändern? Vom Befragten übersprungene Frage

F8 Was würdest du Persönlich machen Vom Befragten übersprungene Frage

F9 Glaubst du das Bedingungslose Grundeinkommen ist Utopie, oder wäre es machbar. Bitte begründe die Antwort.

Vom Befragten übersprungene Frage

F10 Was würde sich mit dem bedingungslosen Grundeinkommen in der Gesellschaft ändern?

Vom Befragten übersprungene Frage

Nr. 43

F1 Ich bin: Weiblich

F2 mein Alter liegt zwischen 30-45

F3 mein höchster Abschluss Bachelor

F4 meine aktuelle Erwerbssituation nichts von allem

F5 mein Einkommen kein Einkommen

F6 Ich finde die Idee weiß nicht

F7 Wie würde sich die Berufswelt ändern? Das Bedingungslose Grundeinkommen würde alles verteuern, weil die Firmen mehr Gehalt zahlen müssten um Arbeiter zu bekommen.

F8 Was würdest du Persönlich machen

-

F9 Glaubst du das Bedingungslose Grundeinkommen ist Utopie, oder wäre es machbar. Bitte begründe die Antwort.

Vom Befragten übersprungene Frage

F10 Was würde sich mit dem bedingungslosen Grundeinkommen in der Gesellschaft ändern?

Vom Befragten übersprungene Frage

Nr. 44

F1 Ich bin: Weiblich

F2 mein Alter liegt zwischen 18-25

F3 mein höchster Abschluss Berufsausbildung

F4 meine aktuelle Erwerbssituation Teilzeit

F5 mein Einkommen mindestlohn

F6 Ich finde die Idee bedenklich

F7 Wie würde sich die Berufswelt ändern? Viele prekäre Jobs würden keine Arbeiter mehr finden

F8 Was würdest du Persönlich machen Weiter arbeiten

F9 Glaubst du das Bedingungslose Grundeinkommen ist Utopie, oder wäre es machbar. Bitte begründe die Antwort.

Ich denke es ist zwar machbar, wird aber nicht durchgesetzt, da die Nachteile für die Politiker überwiegen und sie eher sehen mehr auszugeben als zu erwirtschaften.

F10 Was würde sich mit dem bedingungslosen Grundeinkommen in der Gesellschaft ändern?

Es wäre generell eine größere Zufriedenheit in der Bevölkerung zu merken, da alle abgesichert sind und keinen Druck haben, zeitnah einen Job zu finden. Dadurch könnte man sich den Job suchen, den man wirklich ausführen will, wodurch dieser wahrscheinlich auch besser ausgeführt wird - durch Motivation zum Job. Auf der anderen Seite aber auch Unzufrieden durch die Ungerechtigkeit, dass viele nicht arbeiten gehen und das Grundeinkommen als "Freifahrtschein" sehen, um nicht zu arbeiten. Dies fänden die Arbeiter sehr unfair.

Nr. 45

F1 Ich bin: Weiblich

F2 mein Alter liegt zwischen 30-45

F3 mein höchster Abschluss Fachhochschulreife

F4 meine aktuelle Erwerbssituation Vollzeit

F5 mein Einkommen mittlerer Bereich

F6 Ich finde die Idee bedenklich

F7 Wie würde sich die Berufswelt ändern? Viele prekäre Jobs würden keine Arbeiter mehr finden

F8 Was würdest du Persönlich machen Weiter arbeiten

F9 Glaubst du das Bedingungslose Grundeinkommen ist Utopie, oder wäre es machbar. Bitte begründe die Antwort.

Utopie. Es muss finanzierbar sein. Wenn weniger Menschen arbeiten gehen werden auch weniger Sozialleistungen und Steuern bezahlt. Der Staat ist so schon verschuldet und versucht ein zu sparen wo es nur geht.

F10 Was würde sich mit dem bedingungslosen Grundeinkommen in der Gesellschaft ändern?

Es gibt jetzt Menschen die nicht arbeiten gehen wollen und das wird es wieder geben. Die Frage ist auch wie hoch das bedingungslose Grundeinkommen ist. Es werden definitiv weniger Menschen auf der Straße landen. Denn die meisten sind nur dort weil sie die Auflagen des Amtes nicht umgesetzt haben. Also nicht mitgewirkt haben. Was laut Gesetz Voraussetzung für die Zahlung von Leistungen ist. Denn in unserem Sozialstaat geht es nicht nur um nehmen sondern auch darum etwas dafür zu tun. Der Staat soll den Menschen dabei Helfen wieder auf die Beine zu kommen. Ein bedingungsloses Grundeinkommen widerspricht (meiner Meinung nach) den Staatsstrukturprinzipien.

Nr. 46

F1 Ich bin: Männlich

F2 mein Alter liegt zwischen 30-45

F3 mein höchster Abschluss Berufsausbildung

F4 meine aktuelle Erwerbssituation Vollzeit

F5 mein Einkommen mittlerer Bereich

F6 Ich finde die Idee weiß nicht

F7 Wie würde sich die Berufswelt ändern? Viele prekäre Jobs würden keine Arbeiter mehr finden

F8 Was würdest du Persönlich machen Weiter arbeiten

F9 Glaubst du das Bedingungslose Grundeinkommen ist Utopie, oder wäre es machbar. Bitte begründe die Antwort.

Ich halte es für eine Utopie. Es setzt zum einen voraus, dass jemand das Einkommen für viele verdient und zum anderen neigen Menschen zum Egoismus, daher glaube ich, dass viele Menschen nicht mehr arbeiten gehen bzw. gerade "unbeliebte" Jobs noch weniger Personal finden.

F10 Was würde sich mit dem bedingungslosen Grundeinkommen in der Gesellschaft ändern?

Grundlegende Umstrukturierungen um das ganze zu finanzieren und die Strukturen dafür zu schaffen. Verkomplizieren des Lohnsystems und allgemeine Verteuerung.

Nr. 47

F1 Ich bin: Weiblich

F2 mein Alter liegt zwischen 18-25

F3 mein höchster Abschluss Fachhochschulreife

F4 meine aktuelle Erwerbssituation nichts von allem

F5 mein Einkommen kein Einkommen

F6 Ich finde die Idee gut

F7 Wie würde sich die Berufswelt ändern? Viele prekäre Jobs würden keine Arbeiter mehr finden

F8 Was würdest du Persönlich machen Weiter arbeiten

F9 Glaubst du das Bedingungslose Grundeinkommen ist Utopie, oder wäre es machbar. Bitte begründe die Antwort.

Vom Befragten übersprungene Frage

F10 Was würde sich mit dem bedingungslosen Grundeinkommen in der Gesellschaft ändern?

Vom Befragten übersprungene Frage

Nr. 48

F1 Ich bin: Weiblich

F2 mein Alter liegt zwischen 30-45

F3 mein höchster Abschluss Allgemeine Hochschulreife

F4 meine aktuelle Erwerbssituation Minijob

F5 mein Einkommen mindestlohn

F6 Ich finde die Idee sehr gut

F7 Wie würde sich die Berufswelt ändern? Die meisten würden weiter arbeiten gehen

F8 Was würdest du Persönlich machen Mich ohne Druck weiterbilden

F9 Glaubst du das Bedingungslose Grundeinkommen ist Utopie, oder wäre es machbar. Bitte begründe die Antwort.

Machbar, da andere zahlreiche Sozialleistungen wegfallen könnten.

F10 Was würde sich mit dem bedingungslosen Grundeinkommen in der Gesellschaft ändern?

Jeder hätte die Möglichkeit seine Träume zu verwirklichen, weniger Neid und mehr Kaufkraft.

Nr. 49

F1 Ich bin: Weiblich

F2 mein Alter liegt zwischen 30-45

F3 mein höchster Abschluss Meister/Techniker

F4 meine aktuelle Erwerbssituation Teilzeit

F5 mein Einkommen mittlerer Bereich

F6 Ich finde die Idee weiß nicht

F7 Wie würde sich die Berufswelt ändern? Viele prekäre Jobs würden keine Arbeiter mehr finden

F8 Was würdest du Persönlich machen nur noch das machen was mir Spaß macht egal ob bezahlt oder nicht

F9 Glaubst du das Bedingungslose Grundeinkommen ist Utopie, oder wäre es machbar. Bitte begründe die Antwort.

Vom Befragten übersprungene Frage

F10 Was würde sich mit dem bedingungslosen Grundeinkommen in der Gesellschaft ändern?

Vom Befragten übersprungene Frage

Nr. 50

F1 Ich bin: Männlich

F2 mein Alter liegt zwischen 25-30

F3 mein höchster Abschluss Bachelor

F4 meine aktuelle Erwerbssituation Vollzeit

F5 mein Einkommen Hohes Einkommen

F6 Ich finde die Idee gut

F7 Wie würde sich die Berufswelt ändern? Gut in Hinsicht auf steigende Automatisierung (unterqualifizierte müssten nicht abrutschen), schlecht, weil das dann zu einem allgemeinen Kostenanstieg führt denn jeder hat ja jetzt X€ mehr und dann kann man mehr verlangen

F8 Was würdest du Persönlich machen Weiter arbeiten

F9 Glaubst du das Bedingungslose Grundeinkommen ist Utopie, oder wäre es machbar. Bitte begründe die Antwort.

Schwer durchsetzbar, da noch Vorurteile existieren, welche durch so tolle Shows bei RTL , RTL2 noch befeuert werden. Entsprechend müsste man das ganze erst noch populistisch aufarbeiten.

F10 Was würde sich mit dem bedingungslosen Grundeinkommen in der Gesellschaft ändern?

Ich fürchte wenig, einzig der Stress von Behördengängen würde zurück gehen, was sich positiv auf die Psyche der betroffenen auswirken kann, auch wenn sie dann immer noch unten auf der Leiter stehen. Das Risiko der der "faulenzerei" steigt und wäre zumindest im aktuellen system, welches Vollbeschäftigung anstrebt suboptimal.

Nr. 51

F1 Ich bin: Männlich

F2 mein Alter liegt zwischen 45-60

F3 mein höchster Abschluss Diplom

F4 meine aktuelle Erwerbssituation Vollzeit

F5 mein Einkommen mittlerer Bereich

F6 Ich finde die Idee Vom Befragten übersprungene Frage

F7 Wie würde sich die Berufswelt ändern? Vom Befragten übersprungene Frage

F8 Was würdest du Persönlich machen Vom Befragten übersprungene Frage

F9 Glaubst du das Bedingungslose Grundeinkommen ist Utopie, oder wäre es machbar. Bitte begründe die Antwort.

Vom Befragten übersprungene Frage

F10 Was würde sich mit dem bedingungslosen Grundeinkommen in der Gesellschaft ändern?

Vom Befragten übersprungene Frage

Nr. 52

F1 Ich bin: Weiblich

F2 mein Alter liegt zwischen 30-45

F3 mein höchster Abschluss Bachelor

F4 meine aktuelle Erwerbssituation Teilzeit

F5 mein Einkommen mittlerer Bereich

F6 Ich finde die Idee Vom Befragten übersprungene Frage

F7 Wie würde sich die Berufswelt ändern? Vom Befragten übersprungene Frage

F8 Was würdest du Persönlich machen Vom Befragten übersprungene Frage

F9 Glaubst du das Bedingungslose Grundeinkommen ist Utopie, oder wäre es machbar. Bitte begründe die Antwort.

Vom Befragten übersprungene Frage

F10 Was würde sich mit dem bedingungslosen Grundeinkommen in der Gesellschaft ändern?

Vom Befragten übersprungene Frage

Nr. 53

F1 Ich bin: Weiblich

F2 mein Alter liegt zwischen 30-45

F3 mein höchster Abschluss Bachelor

F4 meine aktuelle Erwerbssituation Teilzeit

F5 mein Einkommen mittlerer Bereich

F6 Ich finde die Idee weiß nicht

F7 Wie würde sich die Berufswelt ändern? Viele würde einfach nur noch ihren Hobbies nachgehen

F8 Was würdest du Persönlich machen Weiter arbeiten

F9 Glaubst du das Bedingungslose Grundeinkommen ist Utopie, oder wäre es machbar. Bitte begründe die Antwort.

Ich denke, dass es nicht machbar ist. Bereits heute gibt es Menschen, die die Sozialkassen betrügen (okay, Banken betrügen den Staat auch). Ich denke aber, dass es schwieriger wäre, dieses System aufrechtzuerhalten, wenn es ausgebeutet werden würde.

F10 Was würde sich mit dem bedingungslosen Grundeinkommen in der Gesellschaft ändern?

Ich denke, dass es keine gravierenden Änderungen geben würde. Die Preise würden sich so anpassen, dass diejenigen, die nur das bedingungslose Grundeinkommen haben, wieder zu den Ärmsten zählen würden, sodass der Grundaufbau mit unterschiedlichen sozialen Klassen bestehen bleiben würde.

Nr. 54

F1 Ich bin: Weiblich

F2 mein Alter liegt zwischen 30-45

F3 mein höchster Abschluss Diplom

F4 meine aktuelle Erwerbssituation Teilzeit

F5 mein Einkommen mittlerer Bereich

F6 Ich finde die Idee gut

F7 Wie würde sich die Berufswelt ändern? Viele prekäre Jobs würden keine Arbeiter mehr finden

F8 Was würdest du Persönlich machen Weiter arbeiten

F9 Glaubst du das Bedingungslose Grundeinkommen ist Utopie, oder wäre es machbar. Bitte begründe die Antwort.

Die Idee finde ich sehr gut. Ich habe jedoch noch kein einziges Konzept gelesen, das die Finanzierungsfrage zufriedenstellend klärt.

F10 Was würde sich mit dem bedingungslosen Grundeinkommen in der Gesellschaft ändern?

- weniger Bürokratie - mehr Lebensqualität

Nr. 55

F1 Ich bin: Weiblich

F2 mein Alter liegt zwischen 30-45

F3 mein höchster Abschluss Allgemeine Hochschulreife

F4 meine aktuelle Erwerbssituation Teilzeit

F5 mein Einkommen mittlerer Bereich

F6 Ich finde die Idee gut

F7 Wie würde sich die Berufswelt ändern? Einige Berufe würden aussterben

F8 Was würdest du Persönlich machen Mich ohne Druck weiterbilden

F9 Glaubst du das Bedingungslose Grundeinkommen ist Utopie, oder wäre es machbar. Bitte begründe die Antwort.

Ich glaube es ist Utopie. Wenn es ein bedingungsloses Grundeinkommen geben würde, würden noch weniger Menschen arbeiten gehen, was auf jeden Fall Auswirkungen auf unser Wirtschaftssystem haben würde.

F10 Was würde sich mit dem bedingungslosen Grundeinkommen in der Gesellschaft ändern?

Ich glaube, dass das die Krankheitsraten zurück gehen würden. Man verspürt ja weniger Druck und wenn man weiter arbeiten geht, würde man nur noch die Arbeit machen, die einem wirklich Spaß macht.

Nr. 56

F1 Ich bin: Weiblich

F2 mein Alter liegt zwischen 30-45

F3 mein höchster Abschluss Bachelor

F4 meine aktuelle Erwerbssituation Teilzeit

F5 mein Einkommen mittlerer Bereich

F6 Ich finde die Idee sehr gut

F7 Wie würde sich die Berufswelt ändern? Es werden sich immer Leute finden die freiwillig arbeiten.

F8 Was würdest du Persönlich machen Weiter arbeiten

F9 Glaubst du das Bedingungslose Grundeinkommen ist Utopie, oder wäre es machbar. Bitte begründe die Antwort.

Ich bin nicht sicher, ich weiss noch zu wenig.

F10 Was würde sich mit dem bedingungslosen Grundeinkommen in der Gesellschaft ändern?

Keine/weniger Ausbeutung über Zeitarbeitsfirmen, Mindestlohnzahler, u.s.w

Nr. 57

F1 Ich bin: Weiblich

F2 mein Alter liegt zwischen 30-45

F3 mein höchster Abschluss Master

F4 meine aktuelle Erwerbssituation Teilzeit

F5 mein Einkommen mittlerer Bereich

F6 Ich finde die Idee gut

F7 Wie würde sich die Berufswelt ändern? Viele prekäre Jobs würden keine Arbeiter mehr finden

F8 Was würdest du Persönlich machen Mich ohne Druck weiterbilden

F9 Glaubst du das Bedingungslose Grundeinkommen ist Utopie, oder wäre es machbar. Bitte begründe die Antwort.

Vom Befragten übersprungene Frage

F10 Was würde sich mit dem bedingungslosen Grundeinkommen in der Gesellschaft ändern?

Vom Befragten übersprungene Frage

Nr. 58

F1 Ich bin: Weiblich

F2 mein Alter liegt zwischen 30-45

F3 mein höchster Abschluss Diplom

F4 meine aktuelle Erwerbssituation nichts von allem

F5 mein Einkommen kein Einkommen

F6 Ich finde die Idee bedenklich

F7 Wie würde sich die Berufswelt ändern? Viele prekäre Jobs würden keine Arbeiter mehr finden

F8 Was würdest du Persönlich machen Mich ohne Druck weiterbilden

F9 Glaubst du das Bedingungslose Grundeinkommen ist Utopie, oder wäre es machbar. Bitte begründe die Antwort.

Utopie, da wir in einer Marktwirtschaft leben, die anders zusammen brechen würde. Außerdem wäre eine Finanzierung nicht möglich und viel Berufsgruppen würden nicht mehr bedient werden.

F10 Was würde sich mit dem bedingungslosen Grundeinkommen in der Gesellschaft ändern?

Es würden viel mehr Menschen nicht mehr arbeiten.

Nr. 59

F1 Ich bin: Weiblich

F2 mein Alter liegt zwischen 30-45

F3 mein höchster Abschluss Diplom

F4 meine aktuelle Erwerbssituation Vollzeit

F5 mein Einkommen mittlerer Bereich

F6 Ich finde die Idee gut

F7 Wie würde sich die Berufswelt ändern? Viele prekäre Jobs würden keine Arbeiter mehr finden

F8 Was würdest du Persönlich machen Weiter arbeiten

F9 Glaubst du das Bedingungslose Grundeinkommen ist Utopie, oder wäre es machbar. Bitte begründe die Antwort.

Das ist machbar - müsste aber in irgendeiner Form an Arbeit im Zweifelsfall gemeinnützige gebunden sein. damit es nicht mißbraucht wird

F10 Was würde sich mit dem bedingungslosen Grundeinkommen in der Gesellschaft ändern?

Die Abhängigkeit von der Staatswillkür wäre weg und die Menschenwürde mehr gewährleistet

Nr. 60

F1 Ich bin: Männlich

F2 mein Alter liegt zwischen 30-45

F3 mein höchster Abschluss noch Student

F4 meine aktuelle Erwerbssituation Vollzeit

F5 mein Einkommen mittlerer Bereich

F6 Ich finde die Idee Vom Befragten übersprungene Frage

F7 Wie würde sich die Berufswelt ändern? Vom Befragten übersprungene Frage

F8 Was würdest du Persönlich machen Vom Befragten übersprungene Frage

F9 Glaubst du das Bedingungslose Grundeinkommen ist Utopie, oder wäre es machbar. Bitte begründe die Antwort.

Vom Befragten übersprungene Frage

F10 Was würde sich mit dem bedingungslosen Grundeinkommen in der Gesellschaft ändern?

Vom Befragten übersprungene Frage

Nr. 61

F1 Ich bin: Weiblich

F2 mein Alter liegt zwischen 30-45

F3 mein höchster Abschluss Fachhochschulreife

F4 meine aktuelle Erwerbssituation Teilzeit

F5 mein Einkommen mittlerer Bereich

F6 Ich finde die Idee weiß nicht

F7 Wie würde sich die Berufswelt ändern? Viele prekäre Jobs würden keine Arbeiter mehr finden

F8 Was würdest du Persönlich machen Mir meine Arbeit besser bezahlen lassen, da ich nicht mehr darauf angewiesen bin

F9 Glaubst du das Bedingungslose Grundeinkommen ist Utopie, oder wäre es machbar. Bitte begründe die Antwort.

Ich bin da sehr zwiegespalten, einerseits könnte es funktionieren, andererseits würde sich die Gesellschaft auch dadurch verändern. Da jeder ein gewisses Einkommen hat.

F10 Was würde sich mit dem bedingungslosen Grundeinkommen in der Gesellschaft ändern?

Mehr Akzeptanz untereinander.

Nr. 62

F1 Ich bin: Weiblich

F2 mein Alter liegt zwischen 30-45

F3 mein höchster Abschluss Fachhochschulreife

F4 meine aktuelle Erwerbssituation Minijob

F5 mein Einkommen mittlerer Bereich

F6 Ich finde die Idee bedenklich

F7 Wie würde sich die Berufswelt ändern? Die Pflegesituation würde sich verschlechtern

F8 Was würdest du Persönlich machen Mich ohne Druck weiterbilden

F9 Glaubst du das Bedingungslose Grundeinkommen ist Utopie, oder wäre es machbar. Bitte begründe die Antwort.

Ich glaube, es ist nicht umsetzbar, weil wir in einer Leistungsgesellschaft leben. Wohlstand bzw finanzielle Sicherheit muss weiterhin an Leistung geknüpft sein. sonst gibt es z b in der Pflege noch mehr offene Stellen

F10 Was würde sich mit dem bedingungslosen Grundeinkommen in der Gesellschaft ändern?

es gäbe weit mehr offene stellen im Dienstleistungsbereich

Nr. 63

F1 Ich bin: Weiblich

F2 mein Alter liegt zwischen 45-60

F3 mein höchster Abschluss Fachhochschulreife

F4 meine aktuelle Erwerbssituation nichts von allem

F5 mein Einkommen mittlerer Bereich

F6 Ich finde die Idee Vom Befragten übersprungene Frage

F7 Wie würde sich die Berufswelt ändern? Vom Befragten übersprungene Frage

F8 Was würdest du Persönlich machen Vom Befragten übersprungene Frage

F9 Glaubst du das Bedingungslose Grundeinkommen ist Utopie, oder wäre es machbar. Bitte begründe die Antwort.

Vom Befragten übersprungene Frage

F10 Was würde sich mit dem bedingungslosen Grundeinkommen in der Gesellschaft ändern?

Vom Befragten übersprungene Frage

Nr. 64

F1 Ich bin: Weiblich

F2 mein Alter liegt zwischen 18-25

F3 mein höchster Abschluss Realschule

F4 meine aktuelle Erwerbssituation Minijob

F5 mein Einkommen mindestlohn

F6 Ich finde die Idee sehr gut

F7 Wie würde sich die Berufswelt ändern? Viele prekäre Jobs würden keine Arbeiter mehr finden

F8 Was würdest du Persönlich machen nur noch das machen was mir Spaß macht egal ob bezahlt oder nicht

F9 Glaubst du das Bedingungslose Grundeinkommen ist Utopie, oder wäre es machbar. Bitte begründe die Antwort.

Versteh die Frage nicht

F10 Was würde sich mit dem bedingungslosen Grundeinkommen in der Gesellschaft ändern?

Viele hätten zu viel Freizeit und würden sich langweilen

Nr. 65

F1 Ich bin: Weiblich

F2 mein Alter liegt zwischen 30-45

F3 mein höchster Abschluss Berufsausbildung

F4 meine aktuelle Erwerbssituation Vollzeit

F5 mein Einkommen mittlerer Bereich

F6 Ich finde die Idee Vom Befragten übersprungene Frage

F7 Wie würde sich die Berufswelt ändern? Vom Befragten übersprungene Frage

F8 Was würdest du Persönlich machen Vom Befragten übersprungene Frage

F9 Glaubst du das Bedingungslose Grundeinkommen ist Utopie, oder wäre es machbar. Bitte begründe die Antwort.

Vom Befragten übersprungene Frage

F10 Was würde sich mit dem bedingungslosen Grundeinkommen in der Gesellschaft ändern?

Vom Befragten übersprungene Frage

Nr. 66

F1 Ich bin: Weiblich

F2 mein Alter liegt zwischen 30-45

F3 mein höchster Abschluss noch Student

F4 meine aktuelle Erwerbssituation Vollzeit

F5 mein Einkommen mittlerer Bereich

F6 Ich finde die Idee bedenklich

F7 Wie würde sich die Berufswelt ändern? Die Pflegesituation würde sich verschlechtern

F8 Was würdest du Persönlich machen Mir meine Arbeit besser bezahlen lassen, da ich nicht mehr darauf angewiesen bin

F9 Glaubst du das Bedingungslose Grundeinkommen ist Utopie, oder wäre es machbar. Bitte begründe die Antwort.

Utopie

F10 Was würde sich mit dem bedingungslosen Grundeinkommen in der Gesellschaft ändern?

Weniger Leute würden arbeiten

Nr. 67

F1 Ich bin: Weiblich

F2 mein Alter liegt zwischen 45-60

F3 mein höchster Abschluss Meister/Techniker

F4 meine aktuelle Erwerbssituation Teilzeit

F5 mein Einkommen mittlerer Bereich

F6 Ich finde die Idee Vom Befragten übersprungene Frage

F7 Wie würde sich die Berufswelt ändern? Vom Befragten übersprungene Frage

F8 Was würdest du Persönlich machen Vom Befragten übersprungene Frage

F9 Glaubst du das Bedingungslose Grundeinkommen ist Utopie, oder wäre es machbar. Bitte begründe die Antwort.

Vom Befragten übersprungene Frage

F10 Was würde sich mit dem bedingungslosen Grundeinkommen in der Gesellschaft ändern?

Vom Befragten übersprungene Frage

Nr. 68

F1 Ich bin: Weiblich

F2 mein Alter liegt zwischen 25-30

F3 mein höchster Abschluss Fachhochschulreife

F4 meine aktuelle Erwerbssituation Teilzeit

F5 mein Einkommen mittlerer Bereich

F6 Ich finde die Idee bedenklich

F7 Wie würde sich die Berufswelt ändern? Das Bedingungslose Grundeinkommen würde alles verteuern, weil die Firmen mehr Gehalt zahlen müssten um Arbeiter zu bekommen.

F8 Was würdest du Persönlich machen Mir meine Arbeit besser bezahlen lassen, da ich nicht

mehr darauf angewiesen bin

F9 Glaubst du das Bedingungslose Grundeinkommen ist Utopie, oder wäre es machbar. Bitte begründe die Antwort.

schwachsinn!

F10 Was würde sich mit dem bedingungslosen Grundeinkommen in der Gesellschaft ändern?

faulheit & die wirtschaft würde zusammen brechen

Nr. 69

F1 Ich bin: Weiblich

F2 mein Alter liegt zwischen 30-45

F3 mein höchster Abschluss Berufsausbildung

F4 meine aktuelle Erwerbssituation Teilzeit

F5 mein Einkommen mittlerer Bereich

F6 Ich finde die Idee bedenklich

F7 Wie würde sich die Berufswelt ändern? Viele prekäre Jobs würden keine Arbeiter mehr finden

F8 Was würdest du Persönlich machen nur noch das machen was mir Spaß macht egal ob bezahlt oder nicht

F9 Glaubst du das Bedingungslose Grundeinkommen ist Utopie, oder wäre es machbar. Bitte begründe die Antwort.

Schwierig zu beantworten

F10 Was würde sich mit dem bedingungslosen Grundeinkommen in der

Gesellschaft ändern?

Pflegeberufe würden nicht mehr bedient werden

Nr. 70

F1 Ich bin: Weiblich

F2 mein Alter liegt zwischen 25-30

F3 mein höchster Abschluss Berufsausbildung

F4 meine aktuelle Erwerbssituation Teilzeit

F5 mein Einkommen mittlerer Bereich

F6 Ich finde die Idee sehr gut

F7 Wie würde sich die Berufswelt ändern? Es werden sich immer Leute finden die freiwillig arbeiten.

F8 Was würdest du Persönlich machen nur noch das machen was mir Spaß macht egal ob bezahlt oder nicht

F9 Glaubst du das Bedingungslose Grundeinkommen ist Utopie, oder wäre es machbar. Bitte begründe die Antwort.

Ich denke, dass es machbar ist, da das Arbeitsamt & Jobcenter nicht mehr benötigt würde. Man könnte seine Arbeitskraft über eine Börse anbieten, einer Jobbörse. Da steht dann im Profil die Qualifikation und andere relevante Daten. Auch konnte man komplett das BGE bezahlen über eine Transaktionssteuer.!

F10 Was würde sich mit dem bedingungslosen Grundeinkommen in der Gesellschaft ändern?

Ich gehe davon aus, dass jeder sich frei entfalten kann, seinen Hobbies nachgehen etc... Es würden sich wieder die Menschen umeinander kümmern, so. Ich wünsche mir eine Gesellschaft ohne dem Leistungsdruck und Geiz

Nr. 71

F1 Ich bin: Weiblich

F2 mein Alter liegt zwischen 45-60

F3 mein höchster Abschluss Realschule

F4 meine aktuelle Erwerbssituation Minijob

F5 mein Einkommen mittlerer Bereich

F6 Ich finde die Idee Vom Befragten übersprungene Frage

F7 Wie würde sich die Berufswelt ändern? Vom Befragten übersprungene Frage

F8 Was würdest du Persönlich machen Vom Befragten übersprungene Frage

F9 Glaubst du das Bedingungslose Grundeinkommen ist Utopie, oder wäre es machbar. Bitte begründe die Antwort.

Vom Befragten übersprungene Frage

F10 Was würde sich mit dem bedingungslosen Grundeinkommen in der Gesellschaft ändern?

Vom Befragten übersprungene Frage

Nr. 72

F1 Ich bin: Weiblich

F2 mein Alter liegt zwischen 45-60

F3 mein höchster Abschluss Meister/Techniker

F4 meine aktuelle Erwerbssituation Teilzeit

F5 mein Einkommen mittlerer Bereich

F6 Ich finde die Idee sehr gut

F7 Wie würde sich die Berufswelt ändern? Die meisten würden weiter arbeiten gehen

F8 Was würdest du Persönlich machen Weiter arbeiten

F9 Glaubst du das Bedingungslose Grundeinkommen ist Utopie, oder wäre es machbar. Bitte begründe die Antwort.

Es ist machbar, wenn alle anderen Sozialleistungen wegfallen.

F10 Was würde sich mit dem bedingungslosen Grundeinkommen in der Gesellschaft ändern?

Keine neiddiskussionen mehr. Kein Zwang zur Arbeit. Verbesserte Bildungschancen...

Nr. 73

F1 Ich bin: Männlich

F2 mein Alter liegt zwischen 30-45

F3 mein höchster Abschluss Diplom

F4 meine aktuelle Erwerbssituation Vollzeit

F5 mein Einkommen Hohes Einkommen

F6 Ich finde die Idee gut

F7 Wie würde sich die Berufswelt ändern? Die meisten würden weiter arbeiten gehen

F8 Was würdest du Persönlich machen Weiter arbeiten

F9 Glaubst du das Bedingungslose Grundeinkommen ist Utopie, oder wäre es machbar. Bitte begründe die Antwort.

Hypothetisch könnte es machbar sein, - in einigen Ländern gibt es ja bereits Versuche / Versuchsballons. Wichtig ist aber definitiv, dass auch die Wirtschaft in Planungen / Überlegungen miteinbezogen werden müsste insofern, als dass ein bedingungsloses Grundeinkommen nicht zu prekären Einkommenssituationen für die führen darf, die auch weiterhin arbeiten möchten, sondern Arbeit (auch weiterhin) attraktiv und gut bezahlt sein muss, ...vielleicht sogar besser bezahlt werden muss als aktuell... Gleichzeitig muss aber meines Erachtens auch darauf geachtet werden, dass ein bedingungsloses Grundeinkommen nicht zu steigenden Lebenshaltungskosten führt, bspws. durch weiter steigende Mieten, höhere Preise (beim Einkauf) etc. Auch muss das Soziale, das soziale Gefüge, aufrechterhalten bleiben. Samt Sozialer Arbeit. Denn: die ist wichtig! Kurz: wenn geplant wird, muss komplex geplant werden, es muss eine gute und flexible Steuerung des Vorhabens bedacht werden.

F10 Was würde sich mit dem bedingungslosen Grundeinkommen in der Gesellschaft ändern?

Ggf. würde mehr „Ruhe" eintreten, - ganz besonders auch bezogen auf Regionen, in denen es hohe Arbeitslosenquoten aufgrund fehlender Industrie gibt. Ggf. könnte so der „Druck quasi rausgenommen werden". - Wenn aber, wie unter 9. benannt, keine gute Steuerung derbste Vorhabens vorliegt, könnten theoretisch trotz eines bedingungslosen Grundeinkommens auch Neid-Debatten auftreten. Sprich: man muss die Komplexität des Menschen wie auch die Komplexität der Gesellschaft mitbedenken.

Nr. 74

F1 Ich bin: Männlich

F2 mein Alter liegt zwischen 30-45

F3 mein höchster Abschluss noch Student

F4 meine aktuelle Erwerbssituation Vollzeit

F5 mein Einkommen mindestlohn

F6 Ich finde die Idee Vom Befragten übersprungene Frage

F7 Wie würde sich die Berufswelt ändern? Vom Befragten übersprungene Frage

F8 Was würdest du Persönlich machen Vom Befragten übersprungene Frage

F9 Glaubst du das Bedingungslose Grundeinkommen ist Utopie, oder wäre es machbar. Bitte begründe die Antwort.

Vom Befragten übersprungene Frage

F10 Was würde sich mit dem bedingungslosen Grundeinkommen in der Gesellschaft ändern?

Vom Befragten übersprungene Frage

Nr. 75

F1 Ich bin: Männlich

F2 mein Alter liegt zwischen 30-45

F3 mein höchster Abschluss Bachelor

F4 meine aktuelle Erwerbssituation Vollzeit

F5 mein Einkommen mittlerer Bereich

F6 Ich finde die Idee bedenklich

F7 Wie würde sich die Berufswelt ändern? Einige Berufe würden aussterben

F8 Was würdest du Persönlich machen Weiter arbeiten

F9 Glaubst du das Bedingungslose Grundeinkommen ist Utopie, oder wäre es machbar. Bitte begründe die Antwort.

Vom Befragten übersprungene Frage

F10 Was würde sich mit dem bedingungslosen Grundeinkommen in der Gesellschaft ändern?

Vom Befragten übersprungene Frage

Nr. 76

F1 Ich bin: Männlich

F2 mein Alter liegt zwischen 18-25

F3 mein höchster Abschluss Fachhochschulreife

F4 meine aktuelle Erwerbssituation Teilzeit

F5 mein Einkommen mittlerer Bereich

F6 Ich finde die Idee gut

F7 Wie würde sich die Berufswelt ändern? Wenn den Leuten mehr Geld zur Verfügung stünde ,würde sich die Kaufkraft steigern,daraufhin würde der Markt vermutlich mit Preisanpassungen reagieren, sodass die Endstufe diese wäre ,das den Menschen trotz dessen nicht mehr zur Verfügung stünde ,weil die freie Marktwirtschaft dieses Potential der Umsatzsteigerung schnell begreifen würde.

F8 Was würdest du Persönlich machen Weiter arbeiten

F9 Glaubst du das Bedingungslose Grundeinkommen ist Utopie, oder wäre es machbar. Bitte begründe die Antwort.

Nein. Kein theoretisches Konstrukt das die Realität nicht abbilden kann, jedoch der Angstgegner der Politiker.

F10 Was würde sich mit dem bedingungslosen Grundeinkommen in der Gesellschaft ändern?

Bildungsferne Schichten würden nicht mehr am Existenzminimum leben

Nr. 77

F1 Ich bin: Weiblich

F2 mein Alter liegt zwischen 30-45

F3 mein höchster Abschluss Fachhochschulreife

F4 meine aktuelle Erwerbssituation Teilzeit

F5 mein Einkommen mittlerer Bereich

F6 Ich finde die Idee sehr gut

F7 Wie würde sich die Berufswelt ändern? Viele prekäre Jobs würden keine Arbeiter mehr finden

F8 Was würdest du Persönlich machen Mich ohne Druck weiterbilden

F9 Glaubst du das Bedingungslose Grundeinkommen ist Utopie, oder wäre es machbar. Bitte begründe die Antwort.

Nicht umsetzbar, da ich nicht glaube, dass wir als Staat dies finanziell stemmen könnten. Die Menschen, die jetzt schon arbeiten und ein gutes Gehalt bekommen werden weiter hart arbeiten und noch reicher werden

F10 Was würde sich mit dem bedingungslosen Grundeinkommen in der Gesellschaft ändern?

Die Schere reich und arm würde noch weiter auseinander gehen.

Nr. 78

F1 Ich bin: Weiblich

F2 mein Alter liegt zwischen 25-30

F3 mein höchster Abschluss noch Student

F4 meine aktuelle Erwerbssituation Teilzeit

F5 mein Einkommen mittlerer Bereich

F6 Ich finde die Idee sehr gut

F7 Wie würde sich die Berufswelt ändern? Es werden sich immer Leute finden die freiwillig arbeiten.

F8 Was würdest du Persönlich machen Mich ohne Druck weiterbilden

F9 Glaubst du das Bedingungslose Grundeinkommen ist Utopie, oder wäre es machbar. Bitte begründe die Antwort.

Ja, weil durch sozialleistungen viel eingespart werden würdw

F10 Was würde sich mit dem bedingungslosen Grundeinkommen in der Gesellschaft ändern?

Jeder geht einer tätigkeit nach die ihm spaß macht

Nr. 79

F1 Ich bin: Weiblich

F2 mein Alter liegt zwischen 25-30

F3 mein höchster Abschluss Master

F4 meine aktuelle Erwerbssituation Teilzeit

F5 mein Einkommen mittlerer Bereich

F6 Ich finde die Idee weiß nicht

F7 Wie würde sich die Berufswelt ändern? Die Pflegesituation würde sich verschlechtern

F8 Was würdest du Persönlich machen Mir meine Arbeit besser bezahlen lassen, da ich nicht mehr darauf angewiesen bin

F9 Glaubst du das Bedingungslose Grundeinkommen ist Utopie, oder wäre es machbar. Bitte begründe die Antwort.

Utopie, da nicht tragbar

F10 Was würde sich mit dem bedingungslosen Grundeinkommen in der Gesellschaft ändern?

Noch weniger Leute würden schlecht bezahlte Jobs annehmen

Nr. 80

F1 Ich bin: Weiblich

F2 mein Alter liegt zwischen 25-30

F3 mein höchster Abschluss noch Student

F4 meine aktuelle Erwerbssituation Vollzeit

F5 mein Einkommen mittlerer Bereich

F6 Ich finde die Idee weiß nicht

F7 Wie würde sich die Berufswelt ändern? Es werden sich immer Leute finden die freiwillig arbeiten.

F8 Was würdest du Persönlich machen Weiter arbeiten

F9 Glaubst du das Bedingungslose Grundeinkommen ist Utopie, oder wäre es machbar. Bitte begründe die Antwort.

Vom Befragten übersprungene Frage

F10 Was würde sich mit dem bedingungslosen Grundeinkommen in der Gesellschaft ändern?

Vom Befragten übersprungene Frage

Nr. 81

F1 Ich bin: Männlich

F2 mein Alter liegt zwischen 45-60

F3 mein höchster Abschluss Berufsausbildung

F4 meine aktuelle Erwerbssituation ALG 2

F5 mein Einkommen kein Einkommen

F6 Ich finde die Idee sehr gut

F7 Wie würde sich die Berufswelt ändern? Die Industrie wäre endlich gezwungen nicht nur ihre Gewinne zu betrachten, sondern müsste die Arbeiter teilhaben lassen wenn sie jemanden wollend er die Arbeit noch macht.

F8 Was würdest du Persönlich machen da zu ALG 2 noch EM Rentner würde ich nichts machen sondern Leben

F9 Glaubst du das Bedingungslose Grundeinkommen ist Utopie, oder wäre es machbar. Bitte begründe die Antwort.

das wäre machbar wenn man endlich aufhört jedem x beliebigen Land das Geld hinterher zu werfen, die lachen sich doch über uns tot

F10 Was würde sich mit dem bedingungslosen Grundeinkommen in der Gesellschaft ändern?

da keder das gleiche bekäme würde auch der Neid weniger

Nr. 82

F1 Ich bin: Männlich

F2 mein Alter liegt zwischen 30-45

F3 mein höchster Abschluss Allgemeine Hochschulreife

F4 meine aktuelle Erwerbssituation Teilzeit

F5 mein Einkommen mittlerer Bereich

F6 Ich finde die Idee sehr gut

F7 Wie würde sich die Berufswelt ändern? Die meisten würden weiter arbeiten gehen

F8 Was würdest du Persönlich machen Weiter arbeiten

F9 Glaubst du das Bedingungslose Grundeinkommen ist Utopie, oder wäre es machbar. Bitte begründe die Antwort.

Vom Befragten übersprungene Frage

F10 Was würde sich mit dem bedingungslosen Grundeinkommen in der Gesellschaft ändern?

Vom Befragten übersprungene Frage

Nr. 83

F1 Ich bin: Weiblich

F2 mein Alter liegt zwischen 45-60

F3 mein höchster Abschluss Master

F4 meine aktuelle Erwerbssituation Teilzeit

F5 mein Einkommen mittlerer Bereich

F6 Ich finde die Idee weiß nicht

F7 Wie würde sich die Berufswelt ändern? Die "Schwachen" der Gesellschaft würden weiterhin abgehängt

F8 Was würdest du Persönlich machen Genau hinschauen, wo die Vorteile und Nachteile für mich persönlich liegen und dann eine Entscheidung treffen

F9 Glaubst du das Bedingungslose Grundeinkommen ist Utopie, oder wäre es machbar. Bitte begründe die Antwort.

Da in den kommenden Jahren immer mehr Jobs durch Technik / Digitalisierung verschwinden werden (so wissenschaftliche Prognosen bis 2060) wird man auch über andere Alternativen nachdenken müssen. Das Grundeinkommen halte ich zum jetzigen Zeitpunkt für Utopie. Die Rahmenbedingungen existieren drezeit nicht und lassen sich in der Kürze auch nicht schaffen. Mit eine Einführung Ad hoc würde es weiterhin Gewinner und Verlierer geben.

F10 Was würde sich mit dem bedingungslosen Grundeinkommen in der Gesellschaft ändern?

Es würde Gewinner und Verlierer geben. Die Verteilung würde lediglich anders verlaufen.

Nr. 84

F1 Ich bin: Weiblich

F2 mein Alter liegt zwischen 30-45

F3 mein höchster Abschluss noch Student

F4 meine aktuelle Erwerbssituation Teilzeit

F5 mein Einkommen mittlerer Bereich

F6 Ich finde die Idee gut

F7 Wie würde sich die Berufswelt ändern? Das Bedingungslose Grundeinkommen würde alles verteuern, weil die Firmen mehr Gehalt zahlen müssten um Arbeiter zu bekommen.

F8 Was würdest du Persönlich machen Mich ohne Druck weiterbilden

F9 Glaubst du das Bedingungslose Grundeinkommen ist Utopie, oder wäre es machbar. Bitte begründe die Antwort.

Utopie, da der Sozialstaat in dem Sinne nicht mehr existieren würde und von seinen Funktionen den Bürgern gegenüber entbunden werden würde...

F10 Was würde sich mit dem bedingungslosen Grundeinkommen in der Gesellschaft ändern?

Zufriedenere Menschen, weniger Ängste, mehr ehrenamtliche Tätigkeiten

Nr. 85

F1 Ich bin: Vom Befragten übersprungene Frage

F2 mein Alter liegt zwischen 45-60

F3 mein höchster Abschluss Fachhochschulreife

F4 meine aktuelle Erwerbssituation Vollzeit

F5 mein Einkommen mittlerer Bereich

F6 Ich finde die Idee sehr gut

F7 Wie würde sich die Berufswelt ändern? Viele prekäre Jobs würden keine Arbeiter mehr finden

F8 Was würdest du Persönlich machen Weiter arbeiten

F9 Glaubst du das Bedingungslose Grundeinkommen ist Utopie, oder wäre es machbar. Bitte begründe die Antwort.

Das BGE ist machbar und auch finanzierbar. Es setzt natürlich eine neue Art von Denken voraus. Da die Sozialkassen bereits jetzt über zu wenig Beitragszahler verfügt und der Trend immer weiter so geht, wird es ein anderes Finanzierungsmodell geben müssen. Warum dann nicht ein BGE einführen? Die Vorteile würden die Nachteile aufwiegen.

F10 Was würde sich mit dem bedingungslosen Grundeinkommen in der

Gesellschaft ändern?

Die Machtverhältnisse Arbeitnehmer und Arbeitgeber würden sich verändern. AN können auf Augenhöhe verhandeln. Der Wert künstlerischer Arbeit, Erziehungsarbeit, Pflege der Eltern u.s.w. wäre gesellschaftlich anerkannt. Existenzängste gehen zurück...

Nr. 86

F1 Ich bin: Weiblich

F2 mein Alter liegt zwischen 30-45

F3 mein höchster Abschluss Realschule

F4 meine aktuelle Erwerbssituation Teilzeit

F5 mein Einkommen mittlerer Bereich

F6 Ich finde die Idee gut

F7 Wie würde sich die Berufswelt ändern? Die Pflegesituation würde sich verschlechtern

F8 Was würdest du Persönlich machen nur noch das machen was mir Spaß macht egal ob bezahlt oder nicht

F9 Glaubst du das Bedingungslose Grundeinkommen ist Utopie, oder wäre es machbar. Bitte begründe die Antwort.

Ich denke es wäre nicht machbar

F10 Was würde sich mit dem bedingungslosen Grundeinkommen in der Gesellschaft ändern?

Neid würde wegfallen

Nr. 87

F1 Ich bin: Weiblich

F2 mein Alter liegt zwischen 45-60

F3 mein höchster Abschluss Allgemeine Hochschulreife

F4 meine aktuelle Erwerbssituation Vollzeit

F5 mein Einkommen mittlerer Bereich

F6 Ich finde die Idee bedenklich

F7 Wie würde sich die Berufswelt ändern? Viele prekäre Jobs würden keine Arbeiter mehr finden

F8 Was würdest du Persönlich machen Weiter arbeiten

F9 Glaubst du das Bedingungslose Grundeinkommen ist Utopie, oder wäre es

machbar. Bitte begründe die Antwort.

Es wird nicht finanzierbar sein.

F10 Was würde sich mit dem bedingungslosen Grundeinkommen in der Gesellschaft ändern?

Auf viele Menschen wirkt sich das negativ aus, weil die Struktur und Sinnhaftigkeit verloren geht und das kann krank machen. Für manche Menschen wäre es sicherlich eine Entlastung, z.B. Alleinerziehende oder Studenten, die sich dann besser auf ihren Wissenserwerb konzentrieren könnten.

Nr. 88

F1 Ich bin: Weiblich

F2 mein Alter liegt zwischen 18-25

F3 mein höchster Abschluss Allgemeine Hochschulreife

F4 meine aktuelle Erwerbssituation Teilzeit

F5 mein Einkommen mittlerer Bereich

F6 Ich finde die Idee gut

F7 Wie würde sich die Berufswelt ändern? Einige Berufe würden aussterben

F8 Was würdest du Persönlich machen Weiter arbeiten

F9 Glaubst du das Bedingungslose Grundeinkommen ist Utopie, oder wäre es machbar. Bitte begründe die Antwort.

Ich glaube es wäre machbar, jedoch sehe ich die Umsetzung noch kritisch an. Einige Berufe würden bestimmt aussterben obwohl diese notwendig sind.

F10 Was würde sich mit dem bedingungslosen Grundeinkommen in der Gesellschaft ändern?

Faulheit wäre ein großes Thema

Nr. 89

F1 Ich bin: Männlich

F2 mein Alter liegt zwischen 60-70

F3 mein höchster Abschluss Master

F4 meine aktuelle Erwerbssituation Teilzeit

F5 mein Einkommen Hohes Einkommen

F6 Ich finde die Idee bedenklich

F7 Wie würde sich die Berufswelt ändern? Das System würde zusammenbrechen, weil nicht finanzierbar

F8 Was würdest du Persönlich machen Weiter arbeiten

F9 Glaubst du das Bedingungslose Grundeinkommen ist Utopie, oder wäre es machbar. Bitte begründe die Antwort.

nicht finanzierbar

F10 Was würde sich mit dem bedingungslosen Grundeinkommen in der Gesellschaft ändern?

öffentliche Aufgaben würden vom Staat nicht mehr wahrgenommen werden können

Nr. 90

F1 Ich bin: Weiblich

F2 mein Alter liegt zwischen 25-30

F3 mein höchster Abschluss Bachelor

F4 meine aktuelle Erwerbssituation Vollzeit

F5 mein Einkommen mittlerer Bereich

F6 Ich finde die Idee sehr gut

F7 Wie würde sich die Berufswelt ändern? Die meisten würden weiter arbeiten gehen

F8 Was würdest du Persönlich machen nur noch das machen was mir Spaß macht egal ob bezahlt oder nicht

F9 Glaubst du das Bedingungslose Grundeinkommen ist Utopie, oder wäre es machbar. Bitte begründe die Antwort.

Machbar mit einem höheren Steuersatz

F10 Was würde sich mit dem bedingungslosen Grundeinkommen in der Gesellschaft ändern?

Klassengesellschaft wird abgebaut

Nr. 91

F1 Ich bin: Weiblich

F2 mein Alter liegt zwischen 45-60

F3 mein höchster Abschluss Realschule

F4 meine aktuelle Erwerbssituation Vollzeit

F5 mein Einkommen mittlerer Bereich

F6 Ich finde die Idee Vom Befragten übersprungene Frage

F7 Wie würde sich die Berufswelt ändern? Vom Befragten übersprungene Frage

F8 Was würdest du Persönlich machen Vom Befragten übersprungene Frage

F9 Glaubst du das Bedingungslose Grundeinkommen ist Utopie, oder wäre es machbar. Bitte begründe die Antwort.

Vom Befragten übersprungene Frage

F10 Was würde sich mit dem bedingungslosen Grundeinkommen in der Gesellschaft ändern?

Vom Befragten übersprungene Frage

Nr. 92

F1 Ich bin: Weiblich

F2 mein Alter liegt zwischen 30-45

F3 mein höchster Abschluss Realschule

F4 meine aktuelle Erwerbssituation Teilzeit

F5 mein Einkommen mittlerer Bereich

F6 Ich finde die Idee bedenklich

F7 Wie würde sich die Berufswelt ändern? Die obigen Aussagen könnten alle zutreffen, ich denke, dass

viele jüngere Menschen keine Motivation mehr hätten arbeiten zu gehen. Eben gerade in den Bereichen, die harte

Arbeit erfordern...

F8 Was würdest du Persönlich machen Mir meine Arbeit besser bezahlen lassen, da ich nicht mehr darauf angewiesen bin

F9 Glaubst du das Bedingungslose Grundeinkommen ist Utopie, oder wäre es machbar. Bitte begründe die Antwort.

Ich glaube nicht, dass das machbar ist, ich denke, unsere ohnehin angekratzte Gesellschaft würde vollends daran zerbrechen ...

F10 Was würde sich mit dem bedingungslosen Grundeinkommen in der Gesellschaft ändern?

Jegliche Motivation bzw. ein Streben nach MEHR würde wegfallen, der Fokus wird ohnehin schon mehr auf Freizeit gelegt auf weniger ist mehr, minimalismus ist cool also ich denke, dass die Folgen zwanzig Jahre später krass zu sehen wären, eine faule, verfettende, verblödende Gesellschaft. Aber vlt sehe ich das auch nicht objektiv genug, weil ich das Glück habe, dass es mir nie wirklich richtig schlecht ging.

Nr. 93

F1 Ich bin: Weiblich

F2 mein Alter liegt zwischen 30-45

F3 mein höchster Abschluss Fachhochschulreife

F4 meine aktuelle Erwerbssituation Teilzeit

F5 mein Einkommen mittlerer Bereich

F6 Ich finde die Idee gut

F7 Wie würde sich die Berufswelt ändern? Die Pflegesituation würde sich verschlechtern

F8 Was würdest du Persönlich machen Mich ohne Druck weiterbilden

F9 Glaubst du das Bedingungslose Grundeinkommen ist Utopie, oder wäre es machbar. Bitte begründe die Antwort.

Es währe nicht finanzierbar.

F10 Was würde sich mit dem bedingungslosen Grundeinkommen in der Gesellschaft ändern?

Ein würdevolleres Leben mit sozialer und kultureller Teilhabe wäre für alle Menschen gleich verfügbar.

Nr. 94

F1 Ich bin: Weiblich

F2 mein Alter liegt zwischen 30-45

F3 mein höchster Abschluss Fachhochschulreife

F4 meine aktuelle Erwerbssituation Teilzeit

F5 mein Einkommen mittlerer Bereich

F6 Ich finde die Idee Vom Befragten übersprungene Frage

F7 Wie würde sich die Berufswelt ändern? Vom Befragten übersprungene Frage

F8 Was würdest du Persönlich machen Vom Befragten übersprungene Frage

F9 Glaubst du das Bedingungslose Grundeinkommen ist Utopie, oder wäre es machbar. Bitte begründe die Antwort.

Vom Befragten übersprungene Frage

F10 Was würde sich mit dem bedingungslosen Grundeinkommen in der Gesellschaft ändern?

Vom Befragten übersprungene Frage

Nr. 95

F1 Ich bin: Weiblich

F2 mein Alter liegt zwischen 30-45

F3 mein höchster Abschluss Realschule

F4 meine aktuelle Erwerbssituation nichts von allem

F5 mein Einkommen kein Einkommen

F6 Ich finde die Idee bedenklich

F7 Wie würde sich die Berufswelt ändern? Viele würde einfach nur noch ihren Hobbies nachgehen

F8 Was würdest du Persönlich machen Weiter arbeiten

F9 Glaubst du das Bedingungslose Grundeinkommen ist Utopie, oder wäre es machbar. Bitte begründe die Antwort.

Meiner Meinung nach ist es utopisch, jedem Bürger bedingungsloses Grundeinkommen zu gewähren. Meines Erachtens würden viele Menschen gar nicht mehr arbeiten gehen und die Situation würde sich im Vergleich zu Hartz 4 verschlimmern! Unter gewissen Voraussetzungen, würde ich an bestimmte Leute dieses Grundeinkommen auszahlen. Zum Beispiel an Mütter, für 3 Jahre. Damit der Nachwuchs nicht schon mit 1 in fremde Hände gegeben werden muss. Oder an bestimmte Berufsgruppen, deren Gehalt einfach zu gering ist.

F10 Was würde sich mit dem bedingungslosen Grundeinkommen in der Gesellschaft ändern?

Faule Leute, weniger Arbeitskräfte

Nr. 96

F1 Ich bin: Weiblich

F2 mein Alter liegt zwischen 25-30

F3 mein höchster Abschluss Allgemeine Hochschulreife

F4 meine aktuelle Erwerbssituation Vollzeit

F5 mein Einkommen mittlerer Bereich

F6 Ich finde die Idee Vom Befragten übersprungene Frage

F7 Wie würde sich die Berufswelt ändern? Vom Befragten übersprungene Frage

F8 Was würdest du Persönlich machen Vom Befragten übersprungene Frage

F9 Glaubst du das Bedingungslose Grundeinkommen ist Utopie, oder wäre es machbar. Bitte begründe die Antwort.

Vom Befragten übersprungene Frage

F10 Was würde sich mit dem bedingungslosen Grundeinkommen in der Gesellschaft ändern?

Vom Befragten übersprungene Frage

Nr. 97

F1 Ich bin: Männlich

F2 mein Alter liegt zwischen 45-60

F3 mein höchster Abschluss Bachelor

F4 meine aktuelle Erwerbssituation Vollzeit

F5 mein Einkommen mindestlohn

F6 Ich finde die Idee gut

F7 Wie würde sich die Berufswelt ändern? Viele prekäre Jobs würden keine Arbeiter mehr finden

F8 Was würdest du Persönlich machen Weiter arbeiten

F9 Glaubst du das Bedingungslose Grundeinkommen ist Utopie, oder wäre es machbar. Bitte begründe die Antwort.

ist nicht utopisch, wir brauchen einfach neue Konzepte

F10 Was würde sich mit dem bedingungslosen Grundeinkommen in der Gesellschaft ändern?

Abbau der Verwaltungsstrukturen

Nr. 98

F1 Ich bin: Männlich

F2 mein Alter liegt zwischen 30-45

F3 mein höchster Abschluss Bachelor

F4 meine aktuelle Erwerbssituation Vollzeit

F5 mein Einkommen Hohes Einkommen

F6 Ich finde die Idee gut

F7 Wie würde sich die Berufswelt ändern? Das Bedingungslose Grundeinkommen würde alles verteuern, weil die Firmen mehr Gehalt zahlen müssten um Arbeiter zu bekommen.

F8 Was würdest du Persönlich machen Weiter arbeiten

F9 Glaubst du das Bedingungslose Grundeinkommen ist Utopie, oder wäre es machbar. Bitte begründe die Antwort.

Vom Befragten übersprungene Frage

F10 Was würde sich mit dem bedingungslosen Grundeinkommen in der Gesellschaft ändern?

Vom Befragten übersprungene Frage

Nr. 99

F1 Ich bin: Weiblich

F2 mein Alter liegt zwischen 30-45

F3 mein höchster Abschluss Berufsausbildung

F4 meine aktuelle Erwerbssituation Teilzeit

F5 mein Einkommen mittlerer Bereich

F6 Ich finde die Idee sehr gut

F7 Wie würde sich die Berufswelt ändern? Die Industrie wäre endlich gezwungen nicht nur ihre Gewinne zu betrachten, sondern müsste die Arbeiter teilhaben lassen wenn sie jemanden wollend er die Arbeit noch macht.

F8 Was würdest du Persönlich machen Weiter arbeiten

F9 Glaubst du das Bedingungslose Grundeinkommen ist Utopie, oder wäre es machbar. Bitte begründe die Antwort.

Bei Wegfall aller anderen sozialen Leistungen sollte es umsetzbar sein.

F10 Was würde sich mit dem bedingungslosen Grundeinkommen in der Gesellschaft ändern?

Man könnte freier entscheiden was einem Spaß macht, welchen Beruf man erlernen will.

Nr. 100

F1 Ich bin: Weiblich

F2 mein Alter liegt zwischen 30-45

F3 mein höchster Abschluss Bachelor

F4 meine aktuelle Erwerbssituation Vollzeit

F5 mein Einkommen mittlerer Bereich

F6 Ich finde die Idee Vom Befragten übersprungene Frage

F7 Wie würde sich die Berufswelt ändern? Vom Befragten übersprungene Frage

F8 Was würdest du Persönlich machen Vom Befragten übersprungene Frage

F9 Glaubst du das Bedingungslose Grundeinkommen ist Utopie, oder wäre es

machbar. Bitte begründe die Antwort.

Vom Befragten übersprungene Frage

F10 Was würde sich mit dem bedingungslosen Grundeinkommen in der Gesellschaft ändern?

Vom Befragten übersprungene Frage

Nr. 101

F1 Ich bin: Männlich

F2 mein Alter liegt zwischen 30-45

F3 mein höchster Abschluss Diplom

F4 meine aktuelle Erwerbssituation Vollzeit

F5 mein Einkommen mittlerer Bereich

F6 Ich finde die Idee gut

F7 Wie würde sich die Berufswelt ändern? Die meisten würden weiter arbeiten gehen

F8 Was würdest du Persönlich machen Weiter arbeiten

F9 Glaubst du das Bedingungslose Grundeinkommen ist Utopie, oder wäre es machbar. Bitte begründe die Antwort.

Machbar, wenn dadurch in vielen anderen Bereichen Aufwand und damit Kosten gespart werden kann.

F10 Was würde sich mit dem bedingungslosen Grundeinkommen in der Gesellschaft ändern?

Bessere Arbeitsbedingungen. Im besten Fall auch weniger Armut.

Nr. 102

F1 Ich bin: Weiblich

F2 mein Alter liegt zwischen 30-45

F3 mein höchster Abschluss Bachelor

F4 meine aktuelle Erwerbssituation Minijob

F5 mein Einkommen mindestlohn

F6 Ich finde die Idee bedenklich

F7 Wie würde sich die Berufswelt ändern? Die Industrie wäre endlich gezwungen nicht nur ihre Gewinne zu betrachten, sondern müsste die Arbeiter teilhaben lassen wenn sie jemanden wollend er die Arbeit noch macht.

F8 Was würdest du Persönlich machen Weiter arbeiten

F9 Glaubst du das Bedingungslose Grundeinkommen ist Utopie, oder wäre es machbar. Bitte begründe die Antwort.

Ich denke, es ist Utopie, da es noch mehr ausgenutzt werden würde als jetzt schon vorhandene Sozialprogramme

F10 Was würde sich mit dem bedingungslosen Grundeinkommen in der Gesellschaft ändern?

es würden noch mehr Leute auf Kosten des Staates/des Grundeinkommens leben

Nr. 103

F1 Ich bin: Weiblich

F2 mein Alter liegt zwischen 25-30

F3 mein höchster Abschluss Berufsausbildung

F4 meine aktuelle Erwerbssituation nichts von allem

F5 mein Einkommen mindestlohn

F6 Ich finde die Idee gut

F7 Wie würde sich die Berufswelt ändern? Einige Berufe würden aussterben

F8 Was würdest du Persönlich machen Mich ohne Druck weiterbilden

F9 Glaubst du das Bedingungslose Grundeinkommen ist Utopie, oder wäre es machbar. Bitte begründe die Antwort.

Ich denke, es ist utopisch.. wo soll das Ganze geld herkommen..?

F10 Was würde sich mit dem bedingungslosen Grundeinkommen in der Gesellschaft ändern?

Weniger Klassifizierung und Neid , mehr Gleichheit

Nr. 104

F1 Ich bin: Männlich

F2 mein Alter liegt zwischen 30-45

F3 mein höchster Abschluss Meister/Techniker

F4 meine aktuelle Erwerbssituation Vollzeit

F5 mein Einkommen Hohes Einkommen

F6 Ich finde die Idee bedenklich

F7 Wie würde sich die Berufswelt ändern? Arbeitsscheue Leute, würden noch eher zu Hause bleibe und nicht arbeiten gehen. Jedoch sollten alle arbeitenden

Menschen einen Mindesteinkommen bekommen, damit diese anständig Leben können. Dadurch wäre Anreiz zum arbeiten gegeben.

F8 Was würdest du Persönlich machen Weiter arbeiten

F9 Glaubst du das Bedingungslose Grundeinkommen ist Utopie, oder wäre es machbar. Bitte begründe die Antwort.

Machbar für die arbeitende Bevölkerung.

F10 Was würde sich mit dem bedingungslosen Grundeinkommen in der Gesellschaft ändern?

Schere zwischen Arm und reich würde nicht mehr so weit auseinandergehen.

Nr. 105

F1 Ich bin: Weiblich

F2 mein Alter liegt zwischen 30-45

F3 mein höchster Abschluss Fachhochschulreife

F4 meine aktuelle Erwerbssituation nichts von allem

F5 mein Einkommen mittlerer Bereich

F6 Ich finde die Idee sehr gut

F7 Wie würde sich die Berufswelt ändern? Die Industrie wäre endlich gezwungen nicht nur ihre Gewinne zu betrachten, sondern müsste die Arbeiter teilhaben lassen wenn sie jemanden wollend er die Arbeit noch macht.

F8 Was würdest du Persönlich machen nur noch das machen was mir Spaß macht egal ob bezahlt oder nicht

F9 Glaubst du das Bedingungslose Grundeinkommen ist Utopie, oder wäre es machbar. Bitte begründe die Antwort.

Ist machbar, Gelder müssen eben umverteilt werden. Viele Kosten für Bürokratie in Bezug auf Arbeitslose würde wegfallen sowie Gelder,die die Arbeitsämter/Jobcenter beziehen. Es würde mehr Geld ausgegeben werden (können) und so auch die Wirtschaft ankurbeln. Es ist insofern eine Utopie,als dass die Verantwortlichen durch den Lobbyismus davon abgehalten werden, das BGE einzuführen.

F10 Was würde sich mit dem bedingungslosen Grundeinkommen in der Gesellschaft ändern?

Die Menschen würden endlich h gerecht bezahlt werden,da sonst gewisse Arbeiten eben einfach liegen bleiben. Die Arbeitswelt würde für Arbeitnehmer gerechter und es wäre motivierender zu arbeiten. Depressionen/Burnout würden weniger werden,da man nicht mehr gezwungen ist einen oder gar mehrere Jobs anzunehmen,die einem die Energie rauben und Existenzängste würden verringert werden.

Nr. 106

F1 Ich bin: Weiblich

F2 mein Alter liegt zwischen 45-60

F3 mein höchster Abschluss Diplom

F4 meine aktuelle Erwerbssituation Teilzeit

F5 mein Einkommen mittlerer Bereich

F6 Ich finde die Idee sehr gut

F7 Wie würde sich die Berufswelt ändern? Die meisten würden weiter arbeiten gehen

F8 Was würdest du Persönlich machen Weiter arbeiten

F9 Glaubst du das Bedingungslose Grundeinkommen ist Utopie, oder wäre es machbar. Bitte begründe die Antwort.

machbar,da von einem Grundeinkommen nicht so viele Ihren Lebensstandard halten könnten würden die Menschen trotzdem weiter arbeiten :-)

F10 Was würde sich mit dem bedingungslosen Grundeinkommen in der Gesellschaft ändern?

Man könnte sich evtl mal eine Auszeit nehmen um sich um zu pflegende Angehörige oder Kinder zu kümmern...man braucht dann auch weniger Altenheime etc.

Nr. 107

F1 Ich bin: Männlich

F2 mein Alter liegt zwischen 30-45

F3 mein höchster Abschluss Berufsausbildung

F4 meine aktuelle Erwerbssituation Vollzeit

F5 mein Einkommen mittlerer Bereich

F6 Ich finde die Idee Vom Befragten übersprungene Frage

F7 Wie würde sich die Berufswelt ändern? Vom Befragten übersprungene Frage

F8 Was würdest du Persönlich machen Vom Befragten übersprungene Frage

F9 Glaubst du das Bedingungslose Grundeinkommen ist Utopie, oder wäre es machbar. Bitte begründe die Antwort.

Vom Befragten übersprungene Frage

F10 Was würde sich mit dem bedingungslosen Grundeinkommen in der Gesellschaft ändern?

Vom Befragten übersprungene Frage

Nr. 108

F1 Ich bin: Männlich

F2 mein Alter liegt zwischen 30-45

F3 mein höchster Abschluss Fachhochschulreife

F4 meine aktuelle Erwerbssituation Vollzeit

F5 mein Einkommen mittlerer Bereich

F6 Ich finde die Idee bedenklich

F7 Wie würde sich die Berufswelt ändern? Viele prekäre Jobs würden keine Arbeiter mehr finden

F8 Was würdest du Persönlich machen Weiter arbeiten

F9 Glaubst du das Bedingungslose Grundeinkommen ist Utopie, oder wäre es machbar. Bitte begründe die Antwort.

Ich denke es ist Utopie da die benötigten Gelder von den Arbeitnehmern erwirtschaftet werden müssten, was wiederum bedeutet dass diese weniger Geld erhalten damit würde der Marktwert der Arbeitnehmer sinken was dazu führt das die Arbeitnehmer ihre Eigenleistung reduzieren oder gar aufhören zu arbeiten da sie keinen Vorteil mehr haben.

F10 Was würde sich mit dem bedingungslosen Grundeinkommen in der Gesellschaft ändern?

Wirtschaftlicher Bankrott.

Nr. 109

F1 Ich bin: Weiblich

F2 mein Alter liegt zwischen 30-45

F3 mein höchster Abschluss Bachelor

F4 meine aktuelle Erwerbssituation Teilzeit

F5 mein Einkommen mindestlohn

F6 Ich finde die Idee gut

F7 Wie würde sich die Berufswelt ändern? Die meisten würden weiter arbeiten gehen

F8 Was würdest du Persönlich machen Mir meine Arbeit besser bezahlen lassen, da ich nicht mehr darauf angewiesen bin

F9 Glaubst du das Bedingungslose Grundeinkommen ist Utopie, oder wäre es machbar. Bitte begründe die Antwort.

Es wäre machbar, wenn die meisten weiter arbeiten zumindest in Teilzeit und sich die andere Zeit freiwillig für die Gesellschaft engagieren und wenn für eher unbeliebte Jobs überdurchschnittlich mehr Gehalt bezahlt wird, dass auch solche Jobs gemacht werden oder man sich auch für bessere Arbeitsbedingungen in nicht so attraktiven Jobs einsetzen kann.

F10 Was würde sich mit dem bedingungslosen Grundeinkommen in der Gesellschaft ändern?

Mehr Kreativität, mehr soziales, gesellschaftliches Engagement, mehr Zeit für Familie, teilweise weniger profitorientierte Menschen.

Nr. 110

F1 Ich bin: Weiblich

F2 mein Alter liegt zwischen 30-45

F3 mein höchster Abschluss Realschule

F4 meine aktuelle Erwerbssituation nichts von allem

F5 mein Einkommen kein Einkommen

F6 Ich finde die Idee sehr gut

F7 Wie würde sich die Berufswelt ändern? Es werden sich immer Leute finden die freiwillig arbeiten.

F8 Was würdest du Persönlich machen Mich ohne Druck weiterbilden

F9 Glaubst du das Bedingungslose Grundeinkommen ist Utopie, oder wäre es machbar. Bitte begründe die Antwort.

Definitiv machbar. Die Begründung würde zu viel Zeit und Platz in Anspruch nehmen

F10 Was würde sich mit dem bedingungslosen Grundeinkommen in der Gesellschaft ändern?

Mehr Geld, mehr Konsum, bessere Marktwirtschaft.

Nr. 111

F1 Ich bin: Weiblich

F2 mein Alter liegt zwischen 60-70

F3 mein höchster Abschluss Allgemeine Hochschulreife

F4 meine aktuelle Erwerbssituation Vollzeit

F5 mein Einkommen mittlerer Bereich

F6 Ich finde die Idee sehr gut

F7 Wie würde sich die Berufswelt ändern? Viele prekäre Jobs würden keine Arbeiter mehr finden

F8 Was würdest du Persönlich machen Weiter arbeiten

F9 Glaubst du das Bedingungslose Grundeinkommen ist Utopie, oder wäre es machbar. Bitte begründe die Antwort.

Aus Sicht des sozialen Friedens halte ich ein BGE für absolut unabdingbar. Es wird mittelfristig einfach nicht mehr genug bezahlte Arbeit für alle geben. Ausserdem wäre es sicher auch gut gegen die Ausbeutung von Arbeitenden im Niedriglohnsektor.

F10 Was würde sich mit dem bedingungslosen Grundeinkommen in der Gesellschaft ändern?

Ich hoffe, das die gegenseitige Akzeptanz von Arbeitenden und denen, die, aus welchen Gründen auch immer, nicht arbeiten, größer wird. Es wird sicher immer Leute geben, die nur an sich denken und immer mehr Geld, Prestige etc. für sich beanspruchen. Aber vielleicht rückt der Großteil wieder ein bisschen solidarischer zusammen wenn klar ist, das wir ohne diesen Zusammenhalt als Gesellschaft nicht weiter kommen.

Nr. 112

F1 Ich bin: Weiblich

F2 mein Alter liegt zwischen 30-45

F3 mein höchster Abschluss Berufsausbildung

F4 meine aktuelle Erwerbssituation Vollzeit

F5 mein Einkommen Hohes Einkommen

F6 Ich finde die Idee bedenklich

F7 Wie würde sich die Berufswelt ändern? Viele würde einfach nur noch ihren Hobbies nachgehen

F8 Was würdest du Persönlich machen Mir meine Arbeit besser bezahlen lassen, da ich nicht mehr darauf angewiesen bin

F9 Glaubst du das Bedingungslose Grundeinkommen ist Utopie, oder wäre es machbar. Bitte begründe die Antwort.

Das wird nicht machbar sein, das wäre der Freifahrtschein für bereits jetzt schon viele Sozialschmarotzer.

F10 Was würde sich mit dem bedingungslosen Grundeinkommen in der

Gesellschaft ändern?

Sie würde sich allgemein verschlechtern

Nr. 113

F1 Ich bin: Weiblich

F2 mein Alter liegt zwischen 25-30

F3 mein höchster Abschluss Fachhochschulreife

F4 meine aktuelle Erwerbssituation nichts von allem

F5 mein Einkommen kein Einkommen

F6 Ich finde die Idee sehr gut

F7 Wie würde sich die Berufswelt ändern? Die meisten würden weiter arbeiten gehen

F8 Was würdest du Persönlich machen Bin Studentin und nicht in einem Anstellungsverhältnis

F9 Glaubst du das Bedingungslose Grundeinkommen ist Utopie, oder wäre es machbar. Bitte begründe die Antwort.

Ich denke es wäre machbar, und um die Situation mit den Arbeitern und nicht Arbeitern aus dem Weg zu räumen. Gehalt müsste es für die fleißige Gesellschaft oben drauf geben.

F10 Was würde sich mit dem bedingungslosen Grundeinkommen in der Gesellschaft ändern?

Die Armut wäre damit mehr oder weniger aufgehoben. Es sei denn? Die Steuern bleiben gleich... es gibt weniger Neider und mehr zufriedene Menschen.

Nr. 114

F1 Ich bin: Männlich

F2 mein Alter liegt zwischen 30-45

F3 mein höchster Abschluss Realschule

F4 meine aktuelle Erwerbssituation ALG 2

F5 mein Einkommen kein Einkommen

F6 Ich finde die Idee gut

F7 Wie würde sich die Berufswelt ändern? Die meisten würden weiter arbeiten gehen

F8 Was würdest du Persönlich machen Einer Arbeit nachgehen welche mich erfüllt.

F9 Glaubst du das Bedingungslose Grundeinkommen ist Utopie, oder wäre es

machbar. Bitte begründe die Antwort.

Es ist machbar und notwenig in einer Zeit wo viele Jobs automatisiert werden. Wenn man in Zukunft keine Aufstände haben will, muss der Lebensunterhalt für alle Menschen gesichert werden. Das muss unabhängig davon sein ob man nun arbeitet oder nicht.

F10 Was würde sich mit dem bedingungslosen Grundeinkommen in der Gesellschaft ändern?

Der Druck auf die Arbeitnehmer würde sich verringern. Die Verantwortung der Arbeitgeber würde ich erhöhen. Die Grundstimmung in der Gesellschaft würde sich verbessern, da die Ungerechtigtkeit abnehmen würde.

Nr. 115

F1 Ich bin: Männlich

F2 mein Alter liegt zwischen 30-45

F3 mein höchster Abschluss Diplom

F4 meine aktuelle Erwerbssituation Teilzeit

F5 mein Einkommen mindestlohn

F6 Ich finde die Idee Vom Befragten übersprungene Frage

F7 Wie würde sich die Berufswelt ändern? Vom Befragten übersprungene Frage

F8 Was würdest du Persönlich machen Vom Befragten übersprungene Frage

F9 Glaubst du das Bedingungslose Grundeinkommen ist Utopie, oder wäre es machbar. Bitte begründe die Antwort.

Vom Befragten übersprungene Frage

F10 Was würde sich mit dem bedingungslosen Grundeinkommen in der Gesellschaft ändern?

Vom Befragten übersprungene Frage

Nr. 116

F1 Ich bin: Männlich

F2 mein Alter liegt zwischen 30-45

F3 mein höchster Abschluss Diplom

F4 meine aktuelle Erwerbssituation Teilzeit

F5 mein Einkommen mindestlohn

F6 Ich finde die Idee weiß nicht

F7 Wie würde sich die Berufswelt ändern? Viele prekäre Jobs würden keine

Arbeiter mehr finden

F8 Was würdest du Persönlich machen Aufhören zu arbeiten

F9 Glaubst du das Bedingungslose Grundeinkommen ist Utopie, oder wäre es machbar. Bitte begründe die Antwort.

Das BGE ist eine Utopie. Möglicherweise realisierbar, aber zum Scheitern verurteilt, da der Mensch von seiner Natur aus Faul ist.

F10 Was würde sich mit dem bedingungslosen Grundeinkommen in der Gesellschaft ändern?

Die Gesellschaft würde nur wenig Arbeitskräfte im pflegerischen und sozialen Sektor bekommen. Die Marktwirtschaft würde einen starken Verlust erleiden, viele unliebsame Arbeiten würden nianden mehr findet der sie über nimmt. Die Gesellschaft würde genauso zugrunde gehen wie im Moment, aber vermutlich zufriedener.

Nr. 117

F1 Ich bin: Männlich

F2 mein Alter liegt zwischen 16-18

F3 mein höchster Abschluss Berufsausbildung

F4 meine aktuelle Erwerbssituation Vollzeit

F5 mein Einkommen mittlerer Bereich

F6 Ich finde die Idee sehr gut

F7 Wie würde sich die Berufswelt ändern? Die Industrie wäre endlich gezwungen nicht nur ihre Gewinne zu betrachten, sondern müsste die Arbeiter teilhaben lassen wenn sie jemanden wollend er die Arbeit noch macht.

F8 Was würdest du Persönlich machen Weiter arbeiten

F9 Glaubst du das Bedingungslose Grundeinkommen ist Utopie, oder wäre es machbar. Bitte begründe die Antwort.

Ja wie man das umsetzten kann weiß ich nicht, und damit habe ich auch keinerlei Vorstellung wie und ob das machbar ist.

F10 Was würde sich mit dem bedingungslosen Grundeinkommen in der Gesellschaft ändern?

In der Gesellschaft würde die Grenze zwischen Arm und Reich etwas kleiner

Nr. 118

F1 Ich bin: Männlich

F2 mein Alter liegt zwischen 18-25

F3 mein höchster Abschluss Allgemeine Hochschulreife

F4 meine aktuelle Erwerbssituation Minijob

F5 mein Einkommen mittlerer Bereich

F6 Ich finde die Idee gut

F7 Wie würde sich die Berufswelt ändern? Bisher haben sich industrielle Revolutionen immer durch eine Steigerung der Produktivität ausgezeichnet. Digitalisierung hat aber einen genau gegenteiligen Effekt, viele Berufe starben aus und werden aussterben. Die Gefahr besteht darin aus Sicht der Volkswirtschaft, dass der LRAS zeitweise zu stark von der Kaufkraft der Konsumenten abweicht. An diesem Punkt wird das Grundeinkommen vielleicht sehr schnell sehr notwendig. Es ändert sich also nicht nur die Berufswelt, die ganze Marktwirtschaft muss überdacht werden. Dennoch liegt dieses finale Ziel recht sicher noch außerhalb der nächsten Zukunft.

F8 Was würdest du Persönlich machen Mich ohne Druck weiterbilden

F9 Glaubst du das Bedingungslose Grundeinkommen ist Utopie, oder wäre es machbar. Bitte begründe die Antwort.

Wie bei Frage 7 schon ausgeführt, könnte das bedingungslose Grundeinkommen einfach notwendig werden. Die Frage ist also nicht, ob es eine Utopie ist, sondern, ob unsere globale Gesellschaft dafür bereit ist und ob wir in der Lage sind unsere bisherige globale Marktwirtschaft überhaupt umzustrukturieren.

F10 Was würde sich mit dem bedingungslosen Grundeinkommen in der Gesellschaft ändern?

Effektiv bedeutet die Frage eher, was würde der Mensch tun, wenn seine Lebensgrundlage bereits völlig gesichert ist. (durch Automatisierung etc., ansonsten wäre das Grundeinkommen völlig nutzlos, wenn es keine Waren gäbe) Das geht dann eher in die philosophische Richte und sollte jeder für sich beantworten. Möglicherweise würde man sich mehr mit Forschung beschäftigen, das wäre doch ein lohnenswertes Ziel.

Nr. 119

F1 Ich bin: Weiblich

F2 mein Alter liegt zwischen 25-30

F3 mein höchster Abschluss Berufsausbildung

F4 meine aktuelle Erwerbssituation Vollzeit

F5 mein Einkommen mittlerer Bereich

F6 Ich finde die Idee bedenklich

F7 Wie würde sich die Berufswelt ändern? Die Pflegesituation würde sich verschlechtern

F8 Was würdest du Persönlich machen Mir meine Arbeit besser bezahlen lassen, da ich nicht mehr darauf angewiesen bin

F9 Glaubst du das Bedingungslose Grundeinkommen ist Utopie, oder wäre es machbar. Bitte begründe die Antwort.

Ich denke, dass das bedingungslose Grundeinkommen nicht umsetzbar ist.

F10 Was würde sich mit dem bedingungslosen Grundeinkommen in der Gesellschaft ändern?

Wenige Menschen würden noch arbeiten gehen. Gerade Berufe, die nicht so beliebt sind würden aussterben. Und wer holt dann den Müll ab ?

Nr. 120

F1 Ich bin: Weiblich

F2 mein Alter liegt zwischen 25-30

F3 mein höchster Abschluss Meister/Techniker

F4 meine aktuelle Erwerbssituation Vollzeit

F5 mein Einkommen mittlerer Bereich

F6 Ich finde die Idee Vom Befragten übersprungene Frage

F7 Wie würde sich die Berufswelt ändern? Vom Befragten übersprungene Frage

F8 Was würdest du Persönlich machen Vom Befragten übersprungene Frage

F9 Glaubst du das Bedingungslose Grundeinkommen ist Utopie, oder wäre es machbar. Bitte begründe die Antwort.

Vom Befragten übersprungene Frage

F10 Was würde sich mit dem bedingungslosen Grundeinkommen in der Gesellschaft ändern?

Vom Befragten übersprungene Frage

Nr. 121

F1 Ich bin: Weiblich

F2 mein Alter liegt zwischen 60-70

F3 mein höchster Abschluss Realschule

F4 meine aktuelle Erwerbssituation Rentner

F5 mein Einkommen mittlerer Bereich

F6 Ich finde die Idee Vom Befragten übersprungene Frage

F7 Wie würde sich die Berufswelt ändern? Vom Befragten übersprungene Frage

F8 Was würdest du Persönlich machen Vom Befragten übersprungene Frage

F9 Glaubst du das Bedingungslose Grundeinkommen ist Utopie, oder wäre es machbar. Bitte begründe die Antwort.

Vom Befragten übersprungene Frage

F10 Was würde sich mit dem bedingungslosen Grundeinkommen in der Gesellschaft ändern?

Vom Befragten übersprungene Frage

Nr. 122

F1 Ich bin: Männlich

F2 mein Alter liegt zwischen 30-45

F3 mein höchster Abschluss Master

F4 meine aktuelle Erwerbssituation Teilzeit

F5 mein Einkommen mittlerer Bereich

F6 Ich finde die Idee bedenklich

F7 Wie würde sich die Berufswelt ändern? Viele prekäre Jobs würden keine Arbeiter mehr finden

F8 Was würdest du Persönlich machen Mich ohne Druck weiterbilden

F9 Glaubst du das Bedingungslose Grundeinkommen ist Utopie, oder wäre es machbar. Bitte begründe die Antwort.

Ich vermute, um überhaupt finanzierbar zu sein, müsste das bedingungslose Grundeinkommen andere Sozialleistungen ersetzen. Es wäre dann die "one size fits all"-Lösung des Sozialstaates. Ich finde allerdings, dass es Szenarien gibt, in denen eine deutlich großzügigere Unterstützung des einzelnen nötig ist, z.B. im Falle schwerer Krankheit oder Behinderung. Außerdem habe ich dann doch das Empfinden, dass es bei der Unterstützung durch eine Solidargemeinschaft eine Rolle spielen sollte, ob derjenige, der Unterstützung empfängt, sich darum bemüht, seinen Zustand der Abhängigkeit zu beenden. Ob er fähig wäre, ohne Unterstützung auszukommen, ob er keine Chancen hat oder einfach keine Lust hat. Wenn ich ehrlich mit mir selbst bin, merke ich, dass das für meine Motivation und Bereitschaft, mir einen großen Teil meines Einkommens in Form von Steuern und Sozialabgaben abnehmen zu lassen, doch eine Rolle spielt. Auch wenn ich in jüngeren Jahren ein Befürworter eines bedingungslosen Grundeinkommens war. Ob es machbar ist, dürfte von drei Faktoren abhängen: i. Der Höhe des Grundeinkommens ii. Der Art der Finanzierung. Wer wird dazu in welcher Weise herangezogen? iii. Die Bereitschaft der Steuerzahler, das Grundeinkommen mitzutragen. Gerade beim letzten Punkt sehe ich ein Problem. Wenn man

Kapitalerträge zur Finanzierung heranzieht, könnten die Akteure, die Kapital haben, es in Länder schaffen, in denen sie nicht belastet werden. Das ist schon heute ein Problem. Es steht zu befürchten, dass die Politik daher bemüht sein wird, diese Gruppe zu schonen. Wenige Möglichkeiten, einer Besteuerung auszuweichen, haben Beschäftigte. Es steht zu befürchten, dass diese in erster Linie das Grundeinkommen finanzieren müssten. Das könnte zu Akzeptanzproblemen führen. Insbesondere wird das Grundeinkommen ja auch immer wieder als Möglichkeit genannt, künftigen Arbeitsplatzverlusten durch Automatisierung zu begegnen. Wenn tatsächlich weniger Beschäftigte gebraucht werden, so werden diese immer schlechter in der Lage sein, ein allgemeines Grundeinkommen zu finanzieren. Die Konzerne, die von der Digitalisierung profitieren, haben sich bislang als sehr geschickt darin erwiesen, Besteuerung zu vermeiden. Ich vermute daher, um ein Grundeinkommen einführen und dauerhaft finanzieren zu können, müsste sich im Bereich Besteuerung eine Menge ändern. Das sehe ich nicht kommen. Insofern halte ich die Idee mittlerweile für utopisch.

F10 Was würde sich mit dem bedingungslosen Grundeinkommen in der Gesellschaft ändern?

Das dürfte davon abhängen, wie es konkret ausgestaltet ist. Zum Beispiel befürwortet ja die FDP ein bedingungsloses Grundeinkommen. Wesentliche Faktoren dürften die Höhe des Grundeinkommens und die Art der Finanzierung sein. Ich sehe tatsächlich das Problem, dass es schwierig werden könnte, Mensch für weniger attraktiv vergütete Tätigkeiten zu gewinnen. Dabei denke ich z.B. an den Pflegebereich. Ich höre dann immer wieder das Argument, man müsse solche Tätigkeiten eben besser vergüten. Hier gibt es aber eine grundsätzliche Diskrepanz. Die Leute, die soziale Leistungen brauchen, verfügen in der Regel nicht über das Geld, sie auch zu bezahlen. Ein bedingungsloses Grundeinkommen dürfte kaum für gute Pflege reichen. Da bräuchte es dann doch wieder eine Sozialleistung, die an Bedürftigkeit gekoppelt ist, also nicht jedem zusteht. Ein anderes Argument, dass ich immer wieder höre: Wenn die Leute nicht mehr gezwungen sind, Geld zu verdienen, könnten und würden sie sich ehrenamtlich engagieren, z.B. auch in der Pflege. Hier fürchte ich, dass solche Tätigkeiten doch nicht attraktiv genug sind, um genügend ehrenamtliche Helfer intrinsisch zu motivieren. Versuche, Individuen mit einem bedingungslosen Grundeinkommen auszustatten, um die Folgen abschätzen zu können, sind interessant. Allerdings leben diese Individuen ja immer noch ein einer Gesellschaft, in der die meisten anderen fleißig im Hamsterrad strampeln. Ihre Mülltonne wird geleert. Insofern bin ich skeptisch, inwiefern solche Experimente tatsächlich beantworten können, was im großen Maßstab geschehen würde, falls man das bedingungslose Grundeinkommen flächendeckend einführte. Skeptisch stimmt mich auch, dass manche Tech-Konzerne das bedingungslose Grundeinkommen inzwischen als mögliche Antwort auf die Arbeitsplatzverluste durch Digitalisierung sehen. Meine Befürchtung ist, dass die nicht mehr gebrauchten Menschen mit einem minimalen Einkommen abgespeist werden. Dann könnte man allerdings auch die Frage aufwerfen, warum man überhaupt die Bildung dieser Menschen investieren sollte.

Muss z.B. jeder lesen und schreiben lernen, wenn 10% der Bevölkerung die Produktion am Laufen

Nr. 123

F1 Ich bin: Männlich

F2 mein Alter liegt zwischen 30-45

F3 mein höchster Abschluss Master

F4 meine aktuelle Erwerbssituation ALG 2

F5 mein Einkommen kein Einkommen

F6 Ich finde die Idee Vom Befragten übersprungene Frage

F7 Wie würde sich die Berufswelt ändern? Vom Befragten übersprungene Frage

F8 Was würdest du Persönlich machen Vom Befragten übersprungene Frage

F9 Glaubst du das Bedingungslose Grundeinkommen ist Utopie, oder wäre es machbar. Bitte begründe die Antwort.

Vom Befragten übersprungene Frage

F10 Was würde sich mit dem bedingungslosen Grundeinkommen in der Gesellschaft ändern?

Vom Befragten übersprungene Frage

Nr. 124

F1 Ich bin: Weiblich

F2 mein Alter liegt zwischen 30-45

F3 mein höchster Abschluss Fachhochschulreife

F4 meine aktuelle Erwerbssituation Vollzeit

F5 mein Einkommen mittlerer Bereich

F6 Ich finde die Idee gut

F7 Wie würde sich die Berufswelt ändern? Die Industrie wäre endlich gezwungen nicht nur ihre Gewinne zu betrachten, sondern müsste die Arbeiter teilhaben lassen wenn sie jemanden wollend er die Arbeit noch macht.

F8 Was würdest du Persönlich machen nur noch das machen was mir Spaß macht egal ob bezahlt oder nicht

F9 Glaubst du das Bedingungslose Grundeinkommen ist Utopie, oder wäre es machbar. Bitte begründe die Antwort.

Vom Befragten übersprungene Frage

F10 Was würde sich mit dem bedingungslosen Grundeinkommen in der Gesellschaft ändern?

Vom Befragten übersprungene Frage

Nr. 125

F1 Ich bin: Weiblich

F2 mein Alter liegt zwischen 45-60

F3 mein höchster Abschluss Fachhochschulreife

F4 meine aktuelle Erwerbssituation Vollzeit

F5 mein Einkommen Hohes Einkommen

F6 Ich finde die Idee sehr gut

F7 Wie würde sich die Berufswelt ändern? Das Bedingungslose Grundeinkommen würde alles verteuern, weil die Firmen mehr Gehalt zahlen müssten um Arbeiter zu bekommen.

F8 Was würdest du Persönlich machen Mir meine Arbeit besser bezahlen lassen, da ich nicht mehr darauf angewiesen bin

F9 Glaubst du das Bedingungslose Grundeinkommen ist Utopie, oder wäre es machbar. Bitte begründe die Antwort.

KA

F10 Was würde sich mit dem bedingungslosen Grundeinkommen in der Gesellschaft ändern?

Weniger arme Leute

Nr. 126

F1 Ich bin: Weiblich

F2 mein Alter liegt zwischen 45-60

F3 mein höchster Abschluss Diplom

F4 meine aktuelle Erwerbssituation Vollzeit

F5 mein Einkommen mittlerer Bereich

F6 Ich finde die Idee bedenklich

F7 Wie würde sich die Berufswelt ändern? Das Bedingungslose Grundeinkommen würde alles verteuern, weil die Firmen mehr Gehalt zahlen müssten um Arbeiter zu bekommen.

F8 Was würdest du Persönlich machen Weiter arbeiten

F9 Glaubst du das Bedingungslose Grundeinkommen ist Utopie, oder wäre es

machbar. Bitte begründe die Antwort.

Ist eine Utopie, weil den Stadt holt sich das Geld von die Menschen welche Arbeiten wollen und haben sich gebildet für beste Einkommen.

F10 Was würde sich mit dem bedingungslosen Grundeinkommen in der Gesellschaft ändern?

Nichts

Nr. 127

F1 Ich bin: Weiblich

F2 mein Alter liegt zwischen 45-60

F3 mein höchster Abschluss Realschule

F4 meine aktuelle Erwerbssituation Minijob

F5 mein Einkommen mittlerer Bereich

F6 Ich finde die Idee bedenklich

F7 Wie würde sich die Berufswelt ändern? Die meisten würden weiter arbeiten gehen

F8 Was würdest du Persönlich machen Weiter arbeiten

F9 Glaubst du das Bedingungslose Grundeinkommen ist Utopie, oder wäre es machbar. Bitte begründe die Antwort.

Utopie, weil es wahrscheinlich nicht finanzierbar ist

F10 Was würde sich mit dem bedingungslosen Grundeinkommen in der Gesellschaft ändern?

Ich bin mir nicht sicher...

Nr. 128

F1 Ich bin: Männlich

F2 mein Alter liegt zwischen 45-60

F3 mein höchster Abschluss Realschule

F4 meine aktuelle Erwerbssituation Vollzeit

F5 mein Einkommen mittlerer Bereich

F6 Ich finde die Idee bedenklich

F7 Wie würde sich die Berufswelt ändern? Viele prekäre Jobs würden keine Arbeiter mehr finden

F8 Was würdest du Persönlich machen nur noch das machen was mir Spaß macht egal ob bezahlt oder nicht

F9 Glaubst du das Bedingungslose Grundeinkommen ist Utopie, oder wäre es machbar. Bitte begründe die Antwort.

Utopie. Nicht finanzierbar, da die Sozialkassen auf kriminelle Art geplündert werden und die Politik dieses Vorgehen auch noch unterstützt, bzw. Verschleiert.

F10 Was würde sich mit dem bedingungslosen Grundeinkommen in der Gesellschaft ändern?

Noch größeres Schmarotzertum.....

Nr. 129

F1 Ich bin: Weiblich

F2 mein Alter liegt zwischen 45-60

F3 mein höchster Abschluss Berufsausbildung

F4 meine aktuelle Erwerbssituation Vollzeit

F5 mein Einkommen mindestlohn

F6 Ich finde die Idee sehr gut

F7 Wie würde sich die Berufswelt ändern? Die Industrie wäre endlich gezwungen nicht nur ihre Gewinne zu betrachten, sondern müsste die Arbeiter teilhaben lassen wenn sie jemanden wollend er die Arbeit noch macht.

F8 Was würdest du Persönlich machen Mich ohne Druck weiterbilden

F9 Glaubst du das Bedingungslose Grundeinkommen ist Utopie, oder wäre es machbar. Bitte begründe die Antwort.

Würde meinen es ist machbar, da der Deutsche Staat bereits heute bei Mindestlöhnen auf Harz-4 ebene aufstocken muss. Firmen sollten endlich wieder Verantwortung dafür tragen das ihre Angestellten ein lebensgerechtes Gehalt erhalten. Dafür ist nicht der Staat zuständig

F10 Was würde sich mit dem bedingungslosen Grundeinkommen in der Gesellschaft ändern?

Zu aller erst würde es den Menschen in dieser Gesellschaft Gesundheitlich wesentlich besser gehen. Rassismus würde entschärft durch aufkommende Zufriedenheit. Der Bildungsstand würde wahrscheinlich ebenfalls erheblich besser ausfallen. So wie die Bereitschaft den Blick weg von sich selbst auf andere und anderes zu werfen.

Nr. 130

F1 Ich bin: Weiblich

F2 mein Alter liegt zwischen 30-45

F3 mein höchster Abschluss Fachhochschulreife

F4 meine aktuelle Erwerbssituation Teilzeit

F5 mein Einkommen mittlerer Bereich

F6 Ich finde die Idee Vom Befragten übersprungene Frage

F7 Wie würde sich die Berufswelt ändern? Vom Befragten übersprungene Frage

F8 Was würdest du Persönlich machen Vom Befragten übersprungene Frage

F9 Glaubst du das Bedingungslose Grundeinkommen ist Utopie, oder wäre es machbar. Bitte begründe die Antwort.

Vom Befragten übersprungene Frage

F10 Was würde sich mit dem bedingungslosen Grundeinkommen in der Gesellschaft ändern?

Vom Befragten übersprungene Frage

Nr. 131

F1 Ich bin: Männlich

F2 mein Alter liegt zwischen 30-45

F3 mein höchster Abschluss Bachelor

F4 meine aktuelle Erwerbssituation Vollzeit

F5 mein Einkommen Hohes Einkommen

F6 Ich finde die Idee Vom Befragten übersprungene Frage

F7 Wie würde sich die Berufswelt ändern? Vom Befragten übersprungene Frage

F8 Was würdest du Persönlich machen Vom Befragten übersprungene Frage

F9 Glaubst du das Bedingungslose Grundeinkommen ist Utopie, oder wäre es machbar. Bitte begründe die Antwort.

Vom Befragten übersprungene Frage

F10 Was würde sich mit dem bedingungslosen Grundeinkommen in der Gesellschaft ändern?

Vom Befragten übersprungene Frage

Nr. 132

F1 Ich bin: Weiblich

F2 mein Alter liegt zwischen 30-45

F3 mein höchster Abschluss Fachhochschulreife

F4 meine aktuelle Erwerbssituation Vollzeit

F5 mein Einkommen mindestlohn

F6 Ich finde die Idee sehr gut

F7 Wie würde sich die Berufswelt ändern? Die meisten würden weiter arbeiten gehen

F8 Was würdest du Persönlich machen Weiter arbeiten

F9 Glaubst du das Bedingungslose Grundeinkommen ist Utopie, oder wäre es machbar. Bitte begründe die Antwort.

Teils - Teils. Behörden wie die Agentur für Arbeit, Rentenkasse etc. würden wegfallen, somit könnte sich das Konzept prima finanzieren. Allerdings ist das Gesamtkonzept noch nicht völlig ausgereift, so dass die nächsten 30 Jahre nicht damit zu rechnen ist.

F10 Was würde sich mit dem bedingungslosen Grundeinkommen in der Gesellschaft ändern?

Alle Menschen hätten die selben Voraussetzungen.

Nr. 133

F1 Ich bin: Weiblich

F2 mein Alter liegt zwischen 25-30

F3 mein höchster Abschluss Fachhochschulreife

F4 meine aktuelle Erwerbssituation Vollzeit

F5 mein Einkommen mittlerer Bereich

F6 Ich finde die Idee Vom Befragten übersprungene Frage

F7 Wie würde sich die Berufswelt ändern? Vom Befragten übersprungene Frage

F8 Was würdest du Persönlich machen Vom Befragten übersprungene Frage

F9 Glaubst du das Bedingungslose Grundeinkommen ist Utopie, oder wäre es machbar. Bitte begründe die Antwort.

Vom Befragten übersprungene Frage

F10 Was würde sich mit dem bedingungslosen Grundeinkommen in der Gesellschaft ändern?

Vom Befragten übersprungene Frage

Nr. 134

F1 Ich bin: Weiblich

F2 mein Alter liegt zwischen 45-60

F3 mein höchster Abschluss Allgemeine Hochschulreife

F4 meine aktuelle Erwerbssituation Vollzeit

F5 mein Einkommen mittlerer Bereich

F6 Ich finde die Idee sehr gut

F7 Wie würde sich die Berufswelt ändern? Die meisten würden weiter arbeiten gehen

F8 Was würdest du Persönlich machen Weiter arbeiten

F9 Glaubst du das Bedingungslose Grundeinkommen ist Utopie, oder wäre es machbar. Bitte begründe die Antwort.

Es ist machbar und besser als Hartz und Arbeitslosigkeit zu finanzieren

F10 Was würde sich mit dem bedingungslosen Grundeinkommen in der Gesellschaft ändern?

Es gäbe kaum Obdachlos und Geringverdiener. Jeder hätte genug "Polster"

Nr. 135

F1 Ich bin: Weiblich

F2 mein Alter liegt zwischen 30-45

F3 mein höchster Abschluss Diplom

F4 meine aktuelle Erwerbssituation Teilzeit

F5 mein Einkommen mittlerer Bereich

F6 Ich finde die Idee weiß nicht

F7 Wie würde sich die Berufswelt ändern? Die Pflegesituation würde sich verschlechtern

F8 Was würdest du Persönlich machen Weiter arbeiten

F9 Glaubst du das Bedingungslose Grundeinkommen ist Utopie, oder wäre es machbar. Bitte begründe die Antwort.

Im Moment halte ich es noch für utopisch, da mir die Finanzierung noch nicht in den Kopf will. Aber ich lasse mich gerne belehren.

F10 Was würde sich mit dem bedingungslosen Grundeinkommen in der Gesellschaft ändern?

Da es in Deutschland leider viele Sozialschmarotzer gibt, die öffentlich zugeben nicht arbeiten zu wollen, da sie ja genug Geld bekommen, denke ich, diese Situation würde sich nicht ändern. Aber im Allgemeinen bin ich überzeugt, dass

Menschen die arbeiten wollen, dies auch weiterhin tun würden. Vielleicht mit nicht so viel Druck. Es könnte der Gesellschaft helfen entspannter ihr Leben zu führen. An der Arbeissituation würde sich wahrscheinlich nichts ändern.

Nr. 136

F1 Ich bin: Weiblich

F2 mein Alter liegt zwischen 25-30

F3 mein höchster Abschluss Bachelor

F4 meine aktuelle Erwerbssituation Vollzeit

F5 mein Einkommen Hohes Einkommen

F6 Ich finde die Idee Vom Befragten übersprungene Frage

F7 Wie würde sich die Berufswelt ändern? Vom Befragten übersprungene Frage

F8 Was würdest du Persönlich machen Vom Befragten übersprungene Frage

F9 Glaubst du das Bedingungslose Grundeinkommen ist Utopie, oder wäre es machbar. Bitte begründe die Antwort.

Vom Befragten übersprungene Frage

F10 Was würde sich mit dem bedingungslosen Grundeinkommen in der Gesellschaft ändern?

Vom Befragten übersprungene Frage

Nr. 137

F1 Ich bin: Weiblich

F2 mein Alter liegt zwischen 30-45

F3 mein höchster Abschluss Berufsausbildung

F4 meine aktuelle Erwerbssituation Vollzeit

F5 mein Einkommen mittlerer Bereich

F6 Ich finde die Idee sehr gut

F7 Wie würde sich die Berufswelt ändern? Viele prekäre Jobs würden keine Arbeiter mehr finden

F8 Was würdest du Persönlich machen Weiter arbeiten

F9 Glaubst du das Bedingungslose Grundeinkommen ist Utopie, oder wäre es machbar. Bitte begründe die Antwort.

Vom Befragten übersprungene Frage

F10 Was würde sich mit dem bedingungslosen Grundeinkommen in der

Gesellschaft ändern?

Vom Befragten übersprungene Frage

Nr. 138

F1 Ich bin: Weiblich

F2 mein Alter liegt zwischen 45-60

F3 mein höchster Abschluss Berufsausbildung

F4 meine aktuelle Erwerbssituation Vollzeit

F5 mein Einkommen mittlerer Bereich

F6 Ich finde die Idee gut

F7 Wie würde sich die Berufswelt ändern? Die Pflegesituation würde sich verschlechtern

F8 Was würdest du Persönlich machen Weiter arbeiten

F9 Glaubst du das Bedingungslose Grundeinkommen ist Utopie, oder wäre es machbar. Bitte begründe die Antwort.

Es wäre machbar

F10 Was würde sich mit dem bedingungslosen Grundeinkommen in der Gesellschaft ändern?

Vieles

Nr. 139

F1 Ich bin: Weiblich

F2 mein Alter liegt zwischen 18-25

F3 mein höchster Abschluss Realschule

F4 meine aktuelle Erwerbssituation nichts von allem

F5 mein Einkommen kein Einkommen

F6 Ich finde die Idee weiß nicht

F7 Wie würde sich die Berufswelt ändern? Einige Berufe würden aussterben

F8 Was würdest du Persönlich machen Weiter arbeiten

F9 Glaubst du das Bedingungslose Grundeinkommen ist Utopie, oder wäre es machbar. Bitte begründe die Antwort.

Vom Befragten übersprungene Frage

F10 Was würde sich mit dem bedingungslosen Grundeinkommen in der Gesellschaft ändern?

Vom Befragten übersprungene Frage

Nr. 140

F1 Ich bin: Weiblich

F2 mein Alter liegt zwischen 18-25

F3 mein höchster Abschluss noch Student

F4 meine aktuelle Erwerbssituation Vollzeit

F5 mein Einkommen mittlerer Bereich

F6 Ich finde die Idee gut

F7 Wie würde sich die Berufswelt ändern? Es werden sich immer Leute finden die freiwillig arbeiten.

F8 Was würdest du Persönlich machen Weiter arbeiten

F9 Glaubst du das Bedingungslose Grundeinkommen ist Utopie, oder wäre es machbar. Bitte begründe die Antwort.

Machbar, sofern die Finanzierung geklärt wird und ein gut ausgearbeitetes Konzept dahinter steht

F10 Was würde sich mit dem bedingungslosen Grundeinkommen in der Gesellschaft ändern?

Alle wären gleich, was in der Gesellschaft sehr wichtig ist. Die Abstufungen zwischen Arm und Reich verändern sich. Ich bin aber auch der Meinung das die Menschen weiterarbeiten, um zum einen die Kontakte weiter zu haben, die Zeit vorbei geht und um noch mehr Geld zu verdienen

Nr. 141

F1 Ich bin: Weiblich

F2 mein Alter liegt zwischen 30-45

F3 mein höchster Abschluss noch Student

F4 meine aktuelle Erwerbssituation Teilzeit

F5 mein Einkommen mittlerer Bereich

F6 Ich finde die Idee bedenklich

F7 Wie würde sich die Berufswelt ändern? Viele prekäre Jobs würden keine Arbeiter mehr finden

F8 Was würdest du Persönlich machen Aufhören zu arbeiten

F9 Glaubst du das Bedingungslose Grundeinkommen ist Utopie, oder wäre es machbar. Bitte begründe die Antwort.

Ich denke es werden weniger Menschen arbeiten gehen. Dies bedeutet weniger Steuereinnahmen und somit stellt sich die Frage der Finanzierung.

F10 Was würde sich mit dem bedingungslosen Grundeinkommen in der Gesellschaft ändern?

Mehr freizeit

Nr. 142

F1 Ich bin: Weiblich

F2 mein Alter liegt zwischen 18-25

F3 mein höchster Abschluss Fachhochschulreife

F4 meine aktuelle Erwerbssituation Teilzeit

F5 mein Einkommen mittlerer Bereich

F6 Ich finde die Idee Vom Befragten übersprungene Frage

F7 Wie würde sich die Berufswelt ändern? Vom Befragten übersprungene Frage

F8 Was würdest du Persönlich machen Vom Befragten übersprungene Frage

F9 Glaubst du das Bedingungslose Grundeinkommen ist Utopie, oder wäre es machbar. Bitte begründe die Antwort.

Vom Befragten übersprungene Frage

F10 Was würde sich mit dem bedingungslosen Grundeinkommen in der Gesellschaft ändern?

Vom Befragten übersprungene Frage

Nr. 143

F1 Ich bin: Weiblich

F2 mein Alter liegt zwischen 30-45

F3 mein höchster Abschluss Realschule

F4 meine aktuelle Erwerbssituation Vollzeit

F5 mein Einkommen kein Einkommen

F6 Ich finde die Idee weiß nicht

F7 Wie würde sich die Berufswelt ändern? Viele prekäre Jobs würden keine Arbeiter mehr finden

F8 Was würdest du Persönlich machen Mich ohne Druck weiterbilden

F9 Glaubst du das Bedingungslose Grundeinkommen ist Utopie, oder wäre es machbar. Bitte begründe die Antwort.

Utopie. Es gibt so viele menschen, welche den Sozialstaat nur ausnutzen. Iwann würde das System zusammenbrechen.

F10 Was würde sich mit dem bedingungslosen Grundeinkommen in der Gesellschaft ändern?

Die Einstellung

Nr. 144

F1 Ich bin: Weiblich

F2 mein Alter liegt zwischen 30-45

F3 mein höchster Abschluss Berufsausbildung

F4 meine aktuelle Erwerbssituation nichts von allem

F5 mein Einkommen kein Einkommen

F6 Ich finde die Idee gut

F7 Wie würde sich die Berufswelt ändern? Die Industrie wäre endlich gezwungen nicht nur ihre Gewinne zu betrachten, sondern müsste die Arbeiter teilhaben lassen wenn sie jemanden wollend er die Arbeit noch macht.

F8 Was würdest du Persönlich machen Weiter arbeiten

F9 Glaubst du das Bedingungslose Grundeinkommen ist Utopie, oder wäre es machbar. Bitte begründe die Antwort.

Das Modell von Götz W. Werner veranschaulicht aus meiner Sicht ganz gut, dass die Einführung eines Bedingungslosen Grundeinkommens durchaus möglich wäre. Jedoch zeigt die Erfahrung, dass Theorie & Praxis oft "auseinanderklaffen". Daher lässt sich diese Frage, meiner Meinung nach, nur nach einer Erprobungsphase beantworten und auch dann sind die langfristigen Auswirkungen auf den Staat & die Gesellschaft ungewiss.

F10 Was würde sich mit dem bedingungslosen Grundeinkommen in der Gesellschaft ändern?

Die Gleichstellung in der Gesellschaft und die neu gewonnene Freiheit führt sicherlich zu mehr Zufriedenheit und Akzeptanz. Jeder Bürger hat die gleiche "Grundversorgung" und kann über seine Zeit und seine Ansprüche an sein Leben frei verfügen. Soziales Engagement könnte durch das Bedingungslose Grundeinkommen in den Vordergrund rücken. Auch die positiven Auswirkungen auf die Gesundheit & das Wohlbefinden sind nicht außer acht zu lassen. Die Idee regt in jedem Fall zum Nachdenken an!

Nr. 145

F1 Ich bin: Weiblich

F2 mein Alter liegt zwischen 30-45

F3 mein höchster Abschluss noch Student

F4 meine aktuelle Erwerbssituation Vollzeit

F5 mein Einkommen mittlerer Bereich

F6 Ich finde die Idee Vom Befragten übersprungene Frage

F7 Wie würde sich die Berufswelt ändern? Vom Befragten übersprungene Frage

F8 Was würdest du Persönlich machen Vom Befragten übersprungene Frage

F9 Glaubst du das Bedingungslose Grundeinkommen ist Utopie, oder wäre es machbar. Bitte begründe die Antwort.

Vom Befragten übersprungene Frage

F10 Was würde sich mit dem bedingungslosen Grundeinkommen in der Gesellschaft ändern?

Vom Befragten übersprungene Frage

Nr. 146

F1 Ich bin: Männlich

F2 mein Alter liegt zwischen 30-45

F3 mein höchster Abschluss Bachelor

F4 meine aktuelle Erwerbssituation Rentner

F5 mein Einkommen mindestlohn

F6 Ich finde die Idee Vom Befragten übersprungene Frage

F7 Wie würde sich die Berufswelt ändern? Vom Befragten übersprungene Frage

F8 Was würdest du Persönlich machen Vom Befragten übersprungene Frage

F9 Glaubst du das Bedingungslose Grundeinkommen ist Utopie, oder wäre es machbar. Bitte begründe die Antwort.

Vom Befragten übersprungene Frage

F10 Was würde sich mit dem bedingungslosen Grundeinkommen in der Gesellschaft ändern?

Vom Befragten übersprungene Frage

Nr. 147

F1 Ich bin: Weiblich

F2 mein Alter liegt zwischen 25-30

F3 mein höchster Abschluss Bachelor

F4 meine aktuelle Erwerbssituation Teilzeit

F5 mein Einkommen mittlerer Bereich

F6 Ich finde die Idee gut

F7 Wie würde sich die Berufswelt ändern? Die meisten würden weiter arbeiten gehen

F8 Was würdest du Persönlich machen Weiter arbeiten

F9 Glaubst du das Bedingungslose Grundeinkommen ist Utopie, oder wäre es machbar. Bitte begründe die Antwort.

Ich denke grundsätzlich ist die Idee des bedingungslosen Grundeinkommens machbar, allerdings müssten hierfür noch einige Weichen richtig gestellt werden.

F10 Was würde sich mit dem bedingungslosen Grundeinkommen in der Gesellschaft ändern?

Ich denke, dass mehr Zufriedenheit herrschen würde und die Arbeit grundsätzlich „besser" gemacht wird, da weniger finanzieller Druck/Zwang im Vordergrund stehen würde. Ich denke, dass ein Großteil weiterhin arbeiten würde, denn mehr ist immer mehr. Eventuell würde sich der Schwerpunkt der jeweiligen Arbeitsbereiche verändern und eine Veränderung der Bezahlung in bestimmten Bereichen (Pflege) nach sich ziehen

Nr. 148

F1 Ich bin: Weiblich

F2 mein Alter liegt zwischen 25-30

F3 mein höchster Abschluss noch Student

F4 meine aktuelle Erwerbssituation Teilzeit

F5 mein Einkommen mittlerer Bereich

F6 Ich finde die Idee Vom Befragten übersprungene Frage

F7 Wie würde sich die Berufswelt ändern? Vom Befragten übersprungene Frage

F8 Was würdest du Persönlich machen Vom Befragten übersprungene Frage

F9 Glaubst du das Bedingungslose Grundeinkommen ist Utopie, oder wäre es

machbar. Bitte begründe die Antwort.

Vom Befragten übersprungene Frage

F10 Was würde sich mit dem bedingungslosen Grundeinkommen in der Gesellschaft ändern?

Vom Befragten übersprungene Frage

Nr. 149

F1 Ich bin: Weiblich

F2 mein Alter liegt zwischen 18-25

F3 mein höchster Abschluss Fachhochschulreife

F4 meine aktuelle Erwerbssituation Teilzeit

F5 mein Einkommen mindestlohn

F6 Ich finde die Idee bedenklich

F7 Wie würde sich die Berufswelt ändern? Viele prekäre Jobs würden keine Arbeiter mehr finden

F8 Was würdest du Persönlich machen Weiter arbeiten

F9 Glaubst du das Bedingungslose Grundeinkommen ist Utopie, oder wäre es machbar. Bitte begründe die Antwort.

Ich denke es ist Utopie, zumindest wenn es nicht mit eigenem Engagement aus der Arbeitslosigkeit herauszukommen verbunden ist. Bedingungslos würde es den Grundsatz "Fördern und Fordern" aushöhlen.

F10 Was würde sich mit dem bedingungslosen Grundeinkommen in der Gesellschaft ändern?

Eine höhere aktive Teilhabe an der Gesellschaft der Betroffenen wäre möglich. Jedoch würden vermutlich auch einige Berufe im Niedriglohnsektor einen noch schwierigeren Stand haben als ohnehin schon.

Nr. 150

F1 Ich bin: Weiblich

F2 mein Alter liegt zwischen 25-30

F3 mein höchster Abschluss Fachhochschulreife

F4 meine aktuelle Erwerbssituation Vollzeit

F5 mein Einkommen mittlerer Bereich

F6 Ich finde die Idee sehr gut

F7 Wie würde sich die Berufswelt ändern? Viele würde einfach nur noch ihren

Hobbies nachgehen

F8 Was würdest du Persönlich machen Mich ohne Druck weiterbilden

F9 Glaubst du das Bedingungslose Grundeinkommen ist Utopie, oder wäre es machbar. Bitte begründe die Antwort.

ja weil jeden ein Einkommen zur Verfügung stehen sollte von der er Leben kann

F10 Was würde sich mit dem bedingungslosen Grundeinkommen in der Gesellschaft ändern?

jeder kommt mit seinem Geld klar und kann sich ernähren

Nr. 151

F1 Ich bin: Männlich

F2 mein Alter liegt zwischen 30-45

F3 mein höchster Abschluss Diplom

F4 meine aktuelle Erwerbssituation Vollzeit

F5 mein Einkommen Hohes Einkommen

F6 Ich finde die Idee sehr gut

F7 Wie würde sich die Berufswelt ändern? Die meisten würden weiter arbeiten gehen

F8 Was würdest du Persönlich machen Weiter arbeiten

F9 Glaubst du das Bedingungslose Grundeinkommen ist Utopie, oder wäre es machbar. Bitte begründe die Antwort.

Vom Befragten übersprungene Frage

F10 Was würde sich mit dem bedingungslosen Grundeinkommen in der Gesellschaft ändern?

Vom Befragten übersprungene Frage

Nr. 152

F1 Ich bin: Weiblich

F2 mein Alter liegt zwischen 25-30

F3 mein höchster Abschluss Fachhochschulreife

F4 meine aktuelle Erwerbssituation Vollzeit

F5 mein Einkommen mittlerer Bereich

F6 Ich finde die Idee gut

F7 Wie würde sich die Berufswelt ändern? Die Industrie wäre endlich gezwungen nicht nur ihre Gewinne zu betrachten, sondern müsste die Arbeiter teilhaben lassen wenn sie jemanden wollend er die Arbeit noch macht.

F8 Was würdest du Persönlich machen nur noch das machen was mir Spaß macht egal ob bezahlt oder nicht

F9 Glaubst du das Bedingungslose Grundeinkommen ist Utopie, oder wäre es machbar. Bitte begründe die Antwort.

Vom Befragten übersprungene Frage

F10 Was würde sich mit dem bedingungslosen Grundeinkommen in der Gesellschaft ändern?

Vom Befragten übersprungene Frage

Nr. 153

F1 Ich bin: Weiblich

F2 mein Alter liegt zwischen 30-45

F3 mein höchster Abschluss noch Student

F4 meine aktuelle Erwerbssituation nichts von allem

F5 mein Einkommen mittlerer Bereich

F6 Ich finde die Idee sehr gut

F7 Wie würde sich die Berufswelt ändern? Die meisten würden weiter arbeiten gehen

F8 Was würdest du Persönlich machen Weiter arbeiten

F9 Glaubst du das Bedingungslose Grundeinkommen ist Utopie, oder wäre es machbar. Bitte begründe die Antwort.

Es ist machbar, weil der Mensch möchte streben und etwas sinnvolles tun.

F10 Was würde sich mit dem bedingungslosen Grundeinkommen in der Gesellschaft ändern?

Mehr Gerechtigkeit und Chancengleichheit

Nr. 154

F1 Ich bin: Weiblich

F2 mein Alter liegt zwischen 45-60

F3 mein höchster Abschluss Bachelor

F4 meine aktuelle Erwerbssituation Vollzeit

F5 mein Einkommen mittlerer Bereich

F6 Ich finde die Idee sehr gut

F7 Wie würde sich die Berufswelt ändern? Vom Befragten übersprungene Frage

F8 Was würdest du Persönlich machen Vom Befragten übersprungene Frage

F9 Glaubst du das Bedingungslose Grundeinkommen ist Utopie, oder wäre es machbar. Bitte begründe die Antwort.

Vom Befragten übersprungene Frage

F10 Was würde sich mit dem bedingungslosen Grundeinkommen in der Gesellschaft ändern?

Vom Befragten übersprungene Frage

Nr. 155

F1 Ich bin: Weiblich

F2 mein Alter liegt zwischen 30-45

F3 mein höchster Abschluss Allgemeine Hochschulreife

F4 meine aktuelle Erwerbssituation Teilzeit

F5 mein Einkommen mittlerer Bereich

F6 Ich finde die Idee bedenklich

F7 Wie würde sich die Berufswelt ändern? Einige Berufe würden aussterben

F8 Was würdest du Persönlich machen Weiter arbeiten

F9 Glaubst du das Bedingungslose Grundeinkommen ist Utopie, oder wäre es machbar. Bitte begründe die Antwort.

Vom Befragten übersprungene Frage

F10 Was würde sich mit dem bedingungslosen Grundeinkommen in der Gesellschaft ändern?

Vom Befragten übersprungene Frage

Nr. 156

F1 Ich bin: Männlich

F2 mein Alter liegt zwischen 30-45

F3 mein höchster Abschluss Berufsausbildung

F4 meine aktuelle Erwerbssituation Vollzeit

F5 mein Einkommen mittlerer Bereich

F6 Ich finde die Idee sehr gut

F7 Wie würde sich die Berufswelt ändern? Die meisten würden weiter arbeiten gehen

F8 Was würdest du Persönlich machen Weiter arbeiten

F9 Glaubst du das Bedingungslose Grundeinkommen ist Utopie, oder wäre es machbar. Bitte begründe die Antwort.

Es wäre machbar, man müsste nur die Diäten der Politiker senken anstatt jährlich zu erhöhen.

F10 Was würde sich mit dem bedingungslosen Grundeinkommen in der Gesellschaft ändern?

Viel Druck wegen finanziellen Ängsten würden von Leuten abfallen.

Nr. 157

F1 Ich bin: Weiblich

F2 mein Alter liegt zwischen 30-45

F3 mein höchster Abschluss Realschule

F4 meine aktuelle Erwerbssituation Vollzeit

F5 mein Einkommen mittlerer Bereich

F6 Ich finde die Idee bedenklich

F7 Wie würde sich die Berufswelt ändern? Viele prekäre Jobs würden keine Arbeiter mehr finden

F8 Was würdest du Persönlich machen Mich ohne Druck weiterbilden

F9 Glaubst du das Bedingungslose Grundeinkommen ist Utopie, oder wäre es machbar. Bitte begründe die Antwort.

Ich denke es wäre Utopie, denn wenn nur noch wenige arbeiten gehen wären die Einnahmen des Staates viel geringer und damit das bedingungslose Grundeinkommen nicht finanzierbar.

F10 Was würde sich mit dem bedingungslosen Grundeinkommen in der Gesellschaft ändern?

Die Einstellung zur Arbeit. Es würden nur noch die arbeiten gehen die weit mehr als 1000€ netto verdienen. Die Unternehmen müssten viel mehr für ihre Arbeitskräfte aufbringen.

Nr. 158

F1 Ich bin: Weiblich

F2 mein Alter liegt zwischen 45-60

F3 mein höchster Abschluss Realschule

F4 meine aktuelle Erwerbssituation Vollzeit

F5 mein Einkommen mittlerer Bereich

F6 Ich finde die Idee gut

F7 Wie würde sich die Berufswelt ändern? Die Industrie wäre endlich gezwungen nicht nur ihre Gewinne zu betrachten, sondern müsste die Arbeiter teilhaben lassen wenn sie jemanden wollend er die Arbeit noch macht.

F8 Was würdest du Persönlich machen Weiter arbeiten

F9 Glaubst du das Bedingungslose Grundeinkommen ist Utopie, oder wäre es machbar. Bitte begründe die Antwort.

Wahrscheinlich Utopie

F10 Was würde sich mit dem bedingungslosen Grundeinkommen in der Gesellschaft ändern?

K.A.

Nr. 159

F1 Ich bin: Männlich

F2 mein Alter liegt zwischen 45-60

F3 mein höchster Abschluss Diplom

F4 meine aktuelle Erwerbssituation Vollzeit

F5 mein Einkommen mittlerer Bereich

F6 Ich finde die Idee sehr gut

F7 Wie würde sich die Berufswelt ändern? Die meisten würden weiter arbeiten gehen

F8 Was würdest du Persönlich machen Weiter arbeiten

F9 Glaubst du das Bedingungslose Grundeinkommen ist Utopie, oder wäre es machbar. Bitte begründe die Antwort.

Es ist machbar indem es es Gelder nutzt, die sonst in der Bürokratie verschwendet werden.

F10 Was würde sich mit dem bedingungslosen Grundeinkommen in der Gesellschaft ändern?

Emanzipation der Arbeitskraft.

Nr. 160

F1 Ich bin: Weiblich

F2 mein Alter liegt zwischen 30-45

F3 mein höchster Abschluss Allgemeine Hochschulreife

F4 meine aktuelle Erwerbssituation nichts von allem

F5 mein Einkommen kein Einkommen

F6 Ich finde die Idee weiß nicht

F7 Wie würde sich die Berufswelt ändern? Viele prekäre Jobs würden keine Arbeiter mehr finden

F8 Was würdest du Persönlich machen Weiter arbeiten

F9 Glaubst du das Bedingungslose Grundeinkommen ist Utopie, oder wäre es machbar. Bitte begründe die Antwort.

Grundsätzlich denke ich, dass es machbar ist. Allerdings ist schwer abzuschätzen wieviele sich daraud ausruhen und keinen inneren Antrieb mehr haben arbeiten zu gehen.

F10 Was würde sich mit dem bedingungslosen Grundeinkommen in der Gesellschaft ändern?

Vielen würde eine Ymenge Druck genommen werden und ich kann mir vorstellen, dass es den künstlerischen Bereich aufwertet. Des weiteren bietet es im Bereich der Forschung mehr Raum um Ideen/Erfindungen zu entwickeln.

Nr. 161

F1 Ich bin: Weiblich

F2 mein Alter liegt zwischen 45-60

F3 mein höchster Abschluss Realschule

F4 meine aktuelle Erwerbssituation nichts von allem

F5 mein Einkommen kein Einkommen

F6 Ich finde die Idee bedenklich

F7 Wie würde sich die Berufswelt ändern? Viele prekäre Jobs würden keine Arbeiter mehr finden

F8 Was würdest du Persönlich machen Mich ohne Druck weiterbilden

F9 Glaubst du das Bedingungslose Grundeinkommen ist Utopie, oder wäre es machbar. Bitte begründe die Antwort.

Funktioniert nicht. Kennt man von Sozialismus

F10 Was würde sich mit dem bedingungslosen Grundeinkommen in der Gesellschaft ändern?

Korruption. Geld regiert die Welt.

Nr. 162

F1 Ich bin: Weiblich

F2 mein Alter liegt zwischen 30-45

F3 mein höchster Abschluss Berufsausbildung

F4 meine aktuelle Erwerbssituation Teilzeit

F5 mein Einkommen mittlerer Bereich

F6 Ich finde die Idee sehr gut

F7 Wie würde sich die Berufswelt ändern? Es werden sich immer Leute finden die freiwillig arbeiten.

F8 Was würdest du Persönlich machen Mich ohne Druck weiterbilden

F9 Glaubst du das Bedingungslose Grundeinkommen ist Utopie, oder wäre es machbar. Bitte begründe die Antwort.

Ich bin zwiegespalten. Ich denke machbar (andere Länder zeigen es), allerdings bedarf es größer Umstrukturierungen.

F10 Was würde sich mit dem bedingungslosen Grundeinkommen in der Gesellschaft ändern?

Zu erst einmal die Grundmentalität. Kein beschämendes Gefühl, weiterbilden/ qualifizieren unabhängig davon ob dann noch genug Geld zum Leben übrig ist...

II alphabetisches Quellenverzeichnis

Behrens, G. 1977: *Die soziale Utopie des Charles Fourier,* Universität Köln, Philosophische Fakultät, Dissertation

Bennet. K April 2017: *Ontario basic income pilot project to launch in Hamilton, Lindsay and Thunder Bay,* CBC News nachzulesen auf: https://www.cbc.ca/news/canada/hamilton/wynne-announcement-hamilton-1.4082476 (Besucht am 27.11.2018)

Canadian Press August 2018: *Ontario minister admits Ford government broke election promise by scrapping basic income project,* CBC News nachzulesen auf: https://www.cbc.ca/news/canada/toronto/basic-income-ontario-admits-breaking-promise-1.4770772 (Besucht am 27.11.2018)

CBC News August 2018: *Scrapping basic income pilot 'horrific,' former Tory senator says*, CBC News nachzulesen auf https://www.cbc.ca/news/canada/ottawa/hugh-segal-basic-income-scrapped-1.4770050 (Besucht am 27.11.2018)

Interview mit Bohmeier, M. auf HR Info vom 14.11.2018 nachzuhören auf: https://www.hr-inforadio.de/podcast/das-interview/michael-bohmeyer---gruender-von-mein-grundeinkommen,podcast-episode36618.html (Besucht am 27.11.2018)

Knecht, A. 2002: *Bürgergeld. Armut bekämpfen ohne Sozialhilfe. Negative Einkommensteuer, Kombilohn, Bürgerarbeit und RMI als neue Wege.* Haupt, Bern/Stuttgart/Wien 2002,

Mitschke J. 1985: *Steuer- und Transferordnung aus einem Guß: Entwurf einer Neugestaltung der direkten Steuern und Sozialtransfers in der Bundesrepublik Deutschland (Schriften zur Ordnungspolitik),* Nomos Verlag,Baden-Baden

Morus, T. (1516/1993): *De optimo rei publicae statu deque nova insula Utopia – Vom besten Zustand des Staates und der neuen Insel Utopia,* Veröffentlicht in "Der Utopische Staat" 1993, Rowohlt, Reinbek bei Hamburg

Paine, T. (1796/2010): *Agrarian Justice,* Neuauflage 2010, Verlag A Thomas Paine Book, NN

Schwerpunktthema BG: Grundeinkommen: Der erste große Feldversuch in Kanada auf HR Info vom 19.11.2018 nachzuhöre auf https://www.hr-inforadio.de/podcast/das-thema/grundeinkommen-der-erste-grosse-feldversuch-in-kanada,podcast-episode36762.html (Besucht am 27.11.2018)

Schwerpunktthema BG: Hartz IV abschaffen: Die CDU ist dagegen auf HR Info vom 19.11.2018 nachzuhören auf: https://www.hr-inforadio.de/podcast/das-thema/hartz-iv-abschaffen-die-cdu-ist-dagegen,podcast-episode36810.html (Besucht am 27.11.2018)

Schwerpunktthema BG: Hartz IV: Der Zombie der SPD auf HR Info vom 19.11.2018 nachzuhören auf https://www.hr-inforadio.de/podcast/das-thema/hartz-iv-der-zombie-der-spd,podcast-episode36770.html (Besucht am 27.11.2018)

Seagul H.D. August 2016: *Finding a Better Way: A Basic Income Pilot Project for Ontario* nachzulesen auf: https://www.ontario.ca/page/finding-better-way-basic-income-pilot-project-ontario (Besucht am 27.11.2018)

Vives, J. L. (1526/2006): *De subventione pauperum -Über die Unterstützung der Armen,* Veröffentlicht in Juan Luis Vives (1492-1540), 2006, Lambertus Verlag GmbH, Freiburg

Werner, G., Goehler, A. (2010): *1000 EUR für Jeden, Freiheit Gleichheit Grundeinkommen,* 2. Auflage, Ullstein Buchverlage GmbH, Berlin